UM SÉCULO DE SABEDORIA

Alice Herz, Praga, por volta de 1924

CAROLINE STOESSINGER
PREFÁCIO DE VÁCLAV HAVEL

UM SÉCULO DE SABEDORIA

Lições da vida de Alice Herz-Sommer,
a mulher que sobreviveu ao Holocausto,
cruzou as décadas e as fronteiras nacionais
para desafiar a morte e inspirar a todos nós

Tradução:
MARTHA ARGEL
HUMBERTO MOURA NETO

Título original: *A Century of Wisdom – Lessons from the Life of Alice Herz-Sommer, the World's Oldest Living Holocaust Survivor.*

Copyright © 2012 Caroline Stoessinger.
Prefácio: Copyright © 2012 Espólio de Václav Havel.
Publicado mediante acordo com Spiegel & Grau, um selo da The Random House Publishing Group, uma divisão da Random House, Inc.
Copyright da edição brasileira © 2013 Editora Pensamento-Cultrix Ltda.
Fotografias, exceto a do frontispício, de Yuri Dojc, reproduzidas com permissão do fotógrafo.

Texto revisto segundo o novo acordo ortográfico da língua portuguesa.

1ª edição 2013.

Todos os direitos reservados. Nenhuma parte desta obra pode ser reproduzida ou usada de qualquer forma ou por qualquer meio, eletrônico ou mecânico, inclusive fotocópias, gravações ou sistema de armazenamento em banco de dados, sem permissão por escrito, exceto nos casos de trechos curtos citados em resenhas críticas ou artigos de revistas.

A Editora Seoman não se responsabiliza por eventuais mudanças ocorridas nos endereços convencionais ou eletrônicos citados neste livro.

Editor: Adilson Silva Ramachandra
Editora de texto: Denise de C. Rocha Delela
Coordenação editorial: Roseli de S. Ferraz
Preparação de originais: Roseli de S. Ferraz
Produção editorial: Indiara Faria Kayo
Assistente de produção editorial: Estela A. Minas
Revisão: Liliane S. M. Cajado e Vivian Miwa Matsushita
Editoração Eletrônica: Join Bureau

Dados Internacionais de Catalogação na Publicação (CIP)
(Câmara Brasileira do Livro, SP, Brasil)

Stoessinger, Caroline
    Um século de sabedoria: lições da vida de Alice Herz-Sommer, a mulher que sobreviveu ao Holocausto, cruzou as décadas e as fronteiras nacionais para desafiar a morte e inspirar a todos nós / Caroline Stoessinger; prefácio de Václav Havel; tradução Martha Argel, Humberto Moura Neto. — São Paulo: Seoman, 2013.

    Título original: A Century of Wisdom: lessons from the life of Alice Herz-Sommer, the world's oldest living Holocaust suvivor.
    Bibliografia.
    ISBN 978-85-98903-59-0

    1. Herz-Sommer, Alice, 1903. 2. Holocausto – Judeus (1939-1945) – República Checa 3. Holocausto – Sobreviventes – Israel – Biografia 4. Holocausto – Sobreviventes – Londres – Biografia 5. Mulheres pianistas – Biografia 6. Theresienstadt (Campo de concentração) I. Havel, Václav. II. Título.

12-14183   CDD-940.5318092

Índices para catálogo sistemático:
1. Judeus sobreviventes do Holocausto : Biografia   940.5318092

Seoman é um selo editorial da Pensamento-Cultrix.
Direitos de tradução para o Brasil adquiridos com exclusividade pela
EDITORA PENSAMENTO-CULTRIX LTDA que se reserva a
propriedade literária desta tradução.
Rua Dr. Mário Vicente, 368 – 04270-000 – São Paulo – SP
Fone: (11) 2066-9000 – Fax: (11) 2066-9008
E-mail: atendimento@editoraseoman.com.br
http://www.editoraseoman.com.br
Foi feito o depósito legal.

Para Anna

No longer forward nor behind
I look in hope or fear,
But, grateful, take the good I find,
The best of now and here.

(Não mais, para diante ou para trás,
Olho com esperança ou medo,
Mas, agradecido, aceito o que encontrar,
O melhor do aqui e agora.)

— John Greenleaf Whittier, 1859

Sumário

Prefácio de *Václav Havel* 11
   Prelúdio 13

CAPÍTULO 1: Alice e Franz Kafka 23
   Interlúdio: Um anel de esmeralda..................... 31

CAPÍTULO 2: Um coração tolerante 33

CAPÍTULO 3: Descascando batatas........................ 45
   Interlúdio: Sonhando 55

CAPÍTULO 4: Aulas de piano................................. 57
   Interlúdio: Fogo... 63

CAPÍTULO 5: Começando de novo........................ 65

CAPÍTULO 6: A colher de estanho......................... 77

CAPÍTULO 7: Nunca se é velho demais 85
   Interlúdio: Sopa de galinha.............................. 93

CAPÍTULO 8: A música era nosso alimento........... 99

CAPÍTULO 9: O *Führer* dá uma cidade aos judeus.... 111

CAPÍTULO 10: Instantâneos 117
Interlúdio: Velhice 125

CAPÍTULO 11: O homem na cabine de vidro 129

CAPÍTULO 12: Nem uma palavra áspera 137

CAPÍTULO 13: Primeiro voo 147

CAPÍTULO 14: Alice, a professora 153
Interlúdio: A senhora do número seis 167

CAPÍTULO 15: Círculo de amigos 171
Coda: Alice hoje 183

Nas palavras de Alice 193
Agradecimentos 197
Notas 199
Bibliografia 209

Prefácio

Václav Havel

Um Século de Sabedoria é o relato profundamente comovente da jornada épica de uma mulher que cruzou as décadas e as fronteiras nacionais para desafiar a morte e inspirar a todos nós. Tendo como pano de fundo tanto a beleza de nossa cultura centro-europeia quanto os trágicos eventos do século XX que isolaram a Tchecoslováquia* do resto do mundo por quase cinquenta anos, a vida de Alice Herz-Sommer ilustra uma profunda força ética e espiritual. Suas memórias são nossas memórias. Por meio de seu sofrimento recordamos nossas horas mais negras. Por seu exemplo erguemo-nos para encontrar o melhor que temos em nós.

Aos 108 anos de idade, Alice conta com prazer histórias da vida de grandes pensadores – de Gustav Mahler a Sigmund Freud e Viktor Frankl, de Martin Buber a Leo Baeck – que deixaram uma impressão indelével. Com sua música, tanto como pianista de concerto quanto como professora, ela influenciou incontáveis alunos, seus filhos e seus netos, da mesma maneira como reconfortou, com seu talento, os demais prisioneiros do campo de concentração de

---

* A Tchecoslováquia existiu como país desde 1918, quando declarou sua independência do Império Austro-Húngaro, até 1992. Em 1993, foi dividida, pacificamente, em dois países, a República Tcheca e a Eslováquia. [N. dos T.]

Theresienstadt. Desde a guerra, Alice tem sido professora e aluna em partes iguais; toda a sua vida foi dedicada à busca incansável do conhecimento e do entendimento de quem somos como seres humanos, como uma comunidade e como indivíduos.

Alice afirmou: "Nunca desisto da esperança." Em mim, esse sentimento ressoa com grande força, pois considero que a esperança está relacionada ao próprio sentimento de que a vida tem sentido, e que, desde que acreditemos nisso, temos um motivo para viver. O otimismo irreprimível de Alice me inspira.

Ela sobreviveu, creio eu, para que o mundo pudesse conhecer sua história, nossa história, de verdade e beleza diante do mal. Não apenas podemos aprender com Alice nos dias de hoje, mas também as futuras gerações podem obter sabedoria e esperança a partir da rica tessitura de sua vida.

Prelúdio

Com 108 anos de idade, Alice é a sobrevivente do Holocausto de mais idade em todo o mundo, bem como a mais idosa pianista de concerto. Testemunha ocular de todo o século passado e da primeira década do atual, ela viu de tudo – o melhor e o pior da humanidade. Ela teve uma vida pautada pelo bem em meio ao caos do mal, mas ainda costuma jogar a cabeça para trás ao rir, com o mesmo otimismo que tinha quando criança.

A despeito dos anos que passou prisioneira no campo de concentração de Theresienstadt, e dos assassinatos da mãe, do marido e de amigos pelos nazistas, Alice é vitoriosa em sua habilidade de seguir em frente e viver cada dia no presente. Ela não perdeu tempo com amarguras contra seus opressores e os carrascos de sua família. Ciente de que o ódio devora a alma de quem odeia e não de quem é odiado, Alice pondera, "Ainda agradeço pela vida. A vida é um presente". *Um Século de Sabedoria* fala da determinação de uma mulher em, ao longo de toda a sua vida, trazer o bem ao mundo, mesmo diante dos piores sofrimentos e pesares. Na história de Alice, podemos encontrar lições para nossa própria vida neste século XXI. Este é o presente que Alice nos dá.

* * *

Seu sobrenome, Herz-Sommer, significa "coração do verão", embora ela tenha nascido em um dia de frio cortante, a 26 de novembro de 1903, em Praga. Seus pais, Friedrich e Sofie Herz, batizaram-na de Alice, que significa "de nobre estirpe". O pai era um comerciante bem-sucedido; a mãe tinha uma educação refinada e frequentava os círculos de artistas e escritores bem conhecidos, incluindo Gustav Mahler, Rainer Maria Rilke, Thomas Mann, Stefan Zweig e Franz Kafka.

Alice cresceu num ambiente seguro e tranquilo, em que a leitura e a ida a concertos eram as principais formas de entretenimento; os vizinhos ajudavam uns aos outros em caso de doença; as famílias podiam calcular seus rendimentos e aposentadorias com muitos anos de antecedência. Antes da Segunda Guerra Mundial, Alice estava bem encaminhada para uma carreira proeminente como pianista de concerto. O profundo amor e o enorme conhecimento musical da mãe, assim como sua amizade com Mahler, inspiraram Alice, que ainda muito jovem decidiu ser pianista. Alice recorda-se de haver acompanhado a mãe numa viagem de trem até Viena, dois dias antes de seu quarto aniversário, para ouvir Mahler na apresentação de despedida de sua Segunda Sinfonia, com a Orquestra Hofoper, em 24 de novembro de 1907. Alice contou que, após o concerto, sua mãe conversou com o compositor e, depois, "falei um pouquinho com Gustav Mahler". Ela contrai os lábios e ergue os ombros expressando seu assombro por aquele momento na presença de um gênio. É muito provável que Alice estivesse com sua mãe quando Sofie, juntamente com Arnold Schoenberg,* juntou-se

---

* Arnold Schoenberg (1874-1951), compositor austríaco considerado um dos mais importantes do século XX. Inicialmente ligado ao expressionismo alemão, criou a música dodecafônica. Denunciado pelos nazistas por sua "música degenerada", emigrou para os Estados Unidos em 1934. [N. dos T.]

à multidão na estação ferroviária para acenar enquanto o trem de Mahler lentamente deixava Viena na manhã seguinte ao concerto.

Anos mais tarde, depois de uma audição para Artur Schnabel,* ela se convenceu de que a carreira de pianista estava a seu alcance. Apresentou-se com frequência como solista com a Filarmônica Tcheca, e realizou diversas gravações comerciais, recebendo resenhas calorosas no *Prager Tagblatt*, o jornal alemão de Praga, de Max Brod, amigo e biógrafo de Kafka.

Mas o mundo ao redor de Alice havia enlouquecido. As leis tchecas foram abolidas. A cidade foi inundada com bandeiras nazistas. Alice tirou uma foto de seu filho aos 3 anos de idade, de pé diante de um letreiro que dizia JUDEN EINTRITT VERBOTEN (entrada proibida aos judeus) e impedia a entrada dele em seu parque favorito. Depois da *Anschluss*,** em março de 1938, as irmãs de Alice e suas famílias começaram os preparativos frenéticos para imigrar para a Palestina; Alice e seu marido decidiram permanecer, com seu filho pequeno, para cuidar da mãe já idosa, que seria uma das primeiras pessoas a ser mandada a Theresienstadt. Instintivamente, Alice compreendeu que nunca voltaria a ver a mãe de novo, ao vê-la entrar, carregando com dificuldade uma mochila pesada, no enorme edifício que os nazistas haviam confiscado para usar como centro de recolhimento de pessoas. "Aqueles que queimam livros[1] terminarão queimando também pessoas", alertara Heinrich Heine*** um século antes. Mas a maioria das pessoas não deu crédito às predições sombrias.

Em princípios de 1939, o que ainda restava do exército e do governo tchecos, juntamente com o presidente do país, Edvard

---

* Artur Schnabel (1882-1951), austríaco, um dos mais respeitados pianistas do mundo no século XX. [N. dos T.]

** *Anschluss*, em alemão, "anexação". Termo pelo qual ficou conhecida a ocupação da Áustria pela Alemanha nazista. [N. dos T.]

*** Um dos principais poetas alemães do século XIX. Vários de seus poemas líricos foram musicados por Schubert e Schumann. [N. dos T.]

Beneš, haviam fugido para a Inglaterra, para onde partiram trens repletos de crianças etiquetadas com seus nomes, enviadas para morar com desconhecidos. Todas as portas para o mundo democrático estavam sendo cerradas. A embaixada britânica estava sendo fechada, e os estadunidenses também partiriam. Soldados nazistas armados com metralhadoras patrulhavam as ruas. O último trem para Londres, levando mais de trezentas crianças judias, nunca deixou a estação; a maioria dessas crianças desapareceu para sempre.

Em julho de 1943, Alice e seu marido, o empresário e violinista amador Leopold Sommer, e seu filho de 6 anos de idade, Raphaël, ou Rafi,[2] foram notificados de que eles também estavam sendo deportados para Theresienstadt. Alice teve a esperança de que, ali, encontraria, Sofie, sua mãe, mas ela já havia sido mandada mais para o leste, muito provavelmente para Treblinka.

Theresienstadt não era um campo de concentração comum. De fora, parecia uma pequena cidade superpovoada, onde milhares de pessoas circulavam e onde a música era ouvida com frequência: era a máquina de propaganda de Hitler em ação. O *Führer* exibia Theresienstadt como o local onde renomados músicos, escritores e artistas judeus, bem como os idosos, ficariam a salvo da guerra. A verdade era que o campo era um gueto mantido sob pesada guarda, uma estação de passagem para Auschwitz e outros campos de extermínio nazistas situados no leste europeu. No interior de seus muros, os talentos e a elite cultural da Tchecoslováquia, Áustria, Holanda, Dinamarca e Alemanha suportavam a fome e o frio constantes, doenças infecciosas, torturas e a morte. Dos 156.000 judeus aprisionados em Theresienstadt, meros 17.500 sobreviveriam. Entre 1942 e 1945, mais de 15.000 crianças judias foram arrebanhadas e despachadas para lá. Cerca de 100 sobreviveram, entre elas Rafi.

No entanto, ao contrário de outros campos, em Theresienstadt havia uma pátina de vida normal. A despeito do terror e das privações, músicos ensaiavam, atores atuavam, professores davam conferências, artistas desenhavam em pedaços de papel e até mesmo piadas eram contadas entre amigos. Ocasionalmente os nazistas exigiam apresentações para fins de propaganda. O que eles não perceberam foi que tais concertos ajudariam tanto os ouvintes quanto os concertistas a sobreviver.

Foi assim para Alice Herz-Sommer, que apresentou mais de cem programas para seus companheiros de prisão, e conseguiu secretamente dar aulas de piano para crianças do campo.

Quando o exército soviético libertou Theresienstadt, em 8 de maio de 1945, Alice e Rafi retornaram a Praga, e descobriram que desconhecidos estavam morando em seu apartamento. Dispondo de poucos recursos, e não encontrando quase ninguém de seu passado, em 1949 Alice tomou a decisão de imigrar para Israel, onde iria reunir-se com as irmãs e suas famílias, e com seus amigos, incluindo Max Brod. Ela foi em frente para construir uma nova vida, e aos 45 anos de idade, Alice aprendeu hebraico. Ela sustentava a si e a Rafi dando aulas no Conservatório da Academia de Música de Jerusalém (mais tarde rebatizada como Academia de Música Rubin), mas apesar de prosseguir apresentando-se em Israel, e depois, mas com pouca frequência, na Europa, Alice nunca reviveu sua carreira internacional. Os anos perdidos no campo de concentração, combinados com a necessidade de ganhar a vida e cuidar do filho, consumiram seu tempo e energia.

Rafi tornou-se um violoncelista de sucesso e, aos 83 anos de idade, Alice mudou outra vez de país, imigrando para Londres para estar perto do filho. Sua perda mais dolorosa sobreveio alguns anos depois, com a morte súbita dele, aos 65 anos de idade.

Encontrei Alice pela primeira vez em sua casa em Londres, quando começava um documentário sobre sua vida. Havia anos que eu estava mergulhada na música do Holocausto, e sobretudo na música do gueto de Theresienstadt, onde meu marido perdera seus avós. Como alguém conseguia apresentar concertos ou compor músicas em semelhantes condições? Eu ouvira falar de Alice nos contatos com outros sobreviventes de Theresienstadt e nas longas conversas com Joža Karas, um músico tcheco emigrado que gravara muitas horas de entrevistas com Alice na década de 1970.

Em resposta ao atentado de 11 de setembro de 2001, Alice disse-me: "Sem dúvida foi terrível, mas por que você está tão chocada? O bem e o mal existem desde os tempos pré-históricos. É o modo como lidamos com ele, a forma como respondemos, que é importante." Alice riu e, por mais desconcertante que aquilo fosse para mim no momento, logo descobri que aquela risada em particular era seu modo de enfatizar a importância de suas palavras. Repreendendo-me com suavidade, ela continuou: "Não é maravilhoso? Você tomou um avião e veio até Londres em poucas horas. Podemos, as duas, sentar e conversar. Estamos vivas. Temos a música. Você é tão rica quanto eu porque é pianista. Ninguém pode jamais destruir essa fortuna." Então ela me fez lembrar de algo que Leonard Bernstein disse depois do assassinato do presidente John F. Kennedy. "Esta é nossa resposta à violência,[3] vamos fazer música com mais beleza, mais premência e mais paixão do que antes."

Apesar de não ter se apresentado em público no último quarto de século, Alice segue fiel a seu compromisso, praticando Bach e Beethoven, Chopin e Schubert – todos de memória – ao menos três horas por dia. Com frequência ela toca música de câmara em casa, à noite, com os profissionais que vêm visitá-la. Alice troca de idioma com facilidade e fluência. O alemão foi sua primeira língua e o tcheco, a segunda, e ela é articulada ainda em inglês, francês e hebraico.

Ela vive sozinha, mas não é solitária. Ela tem tudo e nada – tudo espiritual, mas nada material. O saldo bancário de sua mente é inestimável. Suas posses materiais incluem apenas roupas muito velhas, um televisor antigo e um videocassete bem usado, algumas fotografias e seu indispensável piano vertical.

Apesar da face enrugada, maculada pelas manchas de idade causadas por anos do sol de Jerusalém, o sorriso é a característica física mais notável de Alice. Gerado em algum lugar dentro dela, ele se irradia e explode em cálida e acolhedora alegria. O riso de Alice é, ao mesmo tempo, inquisitivo e despido de julgamento, refletindo um mundo de lembranças colorido pelo amor que nasce de anos de compreensão.

Alice se exercita diariamente com longas caminhadas, usando tênis e movendo-se devagar e com cuidado, para evitar quedas; ela recusa andador ou aparelho auditivo. Até recentemente, estudava história e filosofia na Universidade da Terceira Idade. Ela admite que tudo isso "parece um milagre".

Um Século de Sabedoria é baseado nas lembranças de Alice, da forma como ela me relatou ao longo de incontáveis horas de conversas e de entrevistas filmadas, entre 2004 e 2011.

Conhecer Alice é rever o mundo através dos olhos de uma mulher que viveu por mais de um século. Ainda independente atualmente, Alice tem um otimismo supremo, numa idade que excede em muito a norma. Sua curiosidade e energia emocional inspiram-nos a todos que temos a felicidade de conviver com ela. Estudiosa da filosofia, ela tem praticado o que os filósofos ensinaram. Para ela, é de particular importância Epíteto, filósofo estoico da Antiga Grécia que escreveu:"É sábio aquele[4] que não se lamenta pelas coisas que não tem, mas que se rejubila pelas que tem."

Aprendi muito com Alice, que vê nossas fraquezas e triunfos humanos com equanimidade e uma clareza única, a partir do ponto privilegiado da idade avançada. O otimismo e os profundos valores humanos que ela aprendeu na infância, e que governam o ritmo de sua existência, nunca a abandonaram em mais de um século. Sua história poderia ser nosso manual para uma vida muito mais rica. Com certeza é a chave para manter a juventude.

Um Século de Sabedoria

Capítulo 1

Alice e Franz Kafka

Alice tinha 8 anos de idade quando, ao abrir o portão do jardim, viu pela primeira vez um jovem alto e muito magro que, anos depois, viria a ser conhecido como um dos maiores escritores do século XX. Para a menina, Franz Kafka era o tio Franz. Ele havia chegado em uma charrete puxada por cavalos, trazendo para sua mãe um ramalhete de flores multicoloridas. Enquanto as flores murchavam ao sol, Kafka deteve-se para alimentar o cavalo com maçãs que tinham caído no chão. "Pobre Franz", recorda-se Alice. "Ele pediu desculpas pelas flores. Não por conta de seu triste estado, mas por serem de tantas cores diferentes. Ele disse não ter conseguido decidir qual cor escolher."

Alice tinha dois irmãos mais velhos, Georg e Paul, e duas irmãs, Irma, doze anos mais velha que Alice, e Marianne, apelidada de Mitzi, que era gêmea de Alice. Irma estava noiva de Felix "Fritz" Weltsch, um jovem filósofo extrovertido que conhecera Kafka quando ambos cursavam direito na Charles University, em Praga. Tendo ambos rejeitado a advocacia como profissão, haviam se tornado amigos próximos quando trabalharam na mesma empresa seguradora. Deixando o emprego, Weltsch dedicou-se a um segundo doutorado, em Filosofia, enquanto Kafka escrevia e começava a publicar. Junto com Max Brod e Oscar Baum, formaram um grupo de escritores, os "Quatro de Praga". Mais tarde, fizeram amizade com um poeta adolescente, Franz Werfel.

Era natural que Weltsch convidasse o melhor amigo para conhecer seus futuros sogros. "Ele vinha nos visitar com frequência", explica Alice. Kafka sentia-se tão à vontade na musical e literária residência dos Herz que passou a ser presença regular nos almoços de domingo. "Ele era [como] um membro de nossa família", diz Alice. Tendo que lidar com sua identidade judia, ele achava reconfortante a cordialidade da vida secular judaica-alemã da família Herz. Durante toda a vida, Kafka instalou-se numa espécie de caminho do meio quanto à sua herança judaica, vivendo de acordo com valores judaicos, sem aderir – salvo por seu *Bar Mitzvah* – às tradições da religião organizada. Ele se apresentava ao mundo e a seus amigos como um membro da burguesia europeia, com modos impecáveis e trajes apropriados. É quase impossível encontrar uma foto de Kafka vestido de forma casual. Quando criança, Alice achava estranho que Franz sempre parecesse estar vestido para ir ao escritório, mesmo em passeios ou piqueniques.

Observadora, Alice foi rápida em analisar e aceitar o comportamento de Kafka. Podia-se sempre ter certeza de que estaria atrasado, esqueceria algo ou até mesmo iria se perder, para então chegar desculpando-se por tudo isso. Ele se desculpava tanto que a Alice parecia que pedia desculpas pelas refeições que comia ou até mesmo por estar vivo. Mas, fora isso, ele era muito divertido, e muito responsável com crianças. Gostava muito de nadar, e durante o verão organizava festas sob a Ponte Charles. Alice e Mitzi com frequência eram convidadas, juntamente com Irma e seu noivo. Muito antes de conhecer Kafka, Alice já se tornara uma excelente nadadora, e cruzava a nado o rio Vltava, sem dificuldade.

Uma das lembranças mais queridas que Alice tem de Kafka é do dia ensolarado de verão em que ele apareceu sem aviso na casa de campo da família, justamente quando a babá estava de folga. As gêmeas estavam inquietas e impacientes: queriam sair para explorar a floresta próxima ou fazer um piquenique. Kafka sugeriu uma expedição a pé pelos arredores rurais. Sofie permitiu, a contragosto, e acompanhado de Alice e Mitzi, Kakfa partiu para um dia de aventura, exercício e diversão. Ele costumava praticar caminhada rápida, esporte que adotou para fortalecer o corpo frágil. As garotinhas fizeram o possível para acompanhar seu ritmo, mas depois da primeira milha tiveram de reduzir o passo e, a seguir, parar para descansar. Kafka encontrou um tronco caído que as gêmeas podiam usar como banco, e um toco de árvore para si mesmo. De seu assento improvisado, ele capturou a atenção de ambas, com histórias sobre animais fantásticos imaginários. Quanto mais elas riam, mais desenfreadas as invenções de Kafka se tornavam. Passada cerca de uma hora, ele revelou sanduíches e uma garrafa térmica de chá "mágicos", que afirmou terem sido deixados para eles, ali no bosque, por um animal invisível, meio-urso, meio-cabra. O futuro grande escritor divertiu-se tanto quanto as crianças sob sua responsabilidade.

Alice sempre se lembraria de Kafka como uma "eterna criança".

Desde os 9 anos de idade, Alice se acomodaria ao lado da mãe para, juntas, ouvirem Kafka falar longamente do livro que estava escrevendo ou que gostaria de escrever. Sua mãe era fascinada pelos dotes do escritor, pois a literatura e a música haviam se tornado sua forma de escapar a um casamento arranjado e infeliz. Sofie ficava intrigada sobretudo com as frases de abertura de Kafka, que eram modernas e até revolucionárias naqueles primeiros anos do século XX. Ele iniciava seu romance *O Processo* com "Alguém devia ter caluniado Josef K.,[1] pois numa manhã, sem ter feito nada de errado, ele foi detido". *A Metamorfose* começa com "Quando Gregor Samsa despertou, certa manhã,[2] de sonhos inquietos, descobriu-se em sua cama transformado em um inseto monstruoso". E *O Castelo* absorve o leitor com "Era tarde da noite quando K. chegou".[3]

Alice implorava a ele que contasse de novo e de novo as histórias. Mas sempre queria saber o final, e isso ele não poderia dizer. Kafka simplesmente não conseguia completar suas obras. Mais tarde, ele escreveria: "Estou acostumado com a indecisão,[4] não há nada que eu conheça tão bem, mas sempre que algo exige de mim, eu capitulo, esgotado por inclinações pouco entusiásticas e hesitações acerca de mil trivialidades anteriores."

Quando Alice e sua mãe perguntaram-lhe por que frequentou a escola de direito e tornou-se advogado, se não queria atuar na área, Kafka respondeu que simplesmente não pôde decidir o que estudar. Ele deixou bem claro tal fato quando, após, demitir-se do escritório de advocacia de Richard Lowy, escreveu "Nunca foi minha intenção[5] permanecer na profissão legal. Em 1º de outubro de 1906 passei a trabalhar para ele e assim permaneci até 1º de outubro de 1907".

Um ano Kafka celebrou o *Pessach* com a família Herz. A despeito de sua aversão por observar tais tradições, ele considerou a ocasião passada com os parentes de Alice uma alegre comemoração familiar. Ele parecia tolerar e até aceitar, na residência dos Herz, precisamente o que ele desprezava em sua própria família, sobretudo a prática anual hipócrita das tradições judaicas por seu pai. Em *Carta ao Pai*, Kafka escreveu: "Eu não podia compreender[6] como, com o farrapo insignificante de judaísmo que você mesmo possuía, você podia me censurar [...] Quatro dias por ano você ia à sinagoga, onde estava [...] muito mais perto dos indiferentes do que daqueles que levavam isso a sério."

Durante o feriado santo, a mãe ortodoxa de Sofie, Fanny, que morava com eles, assumia a cozinha e fazia o possível para seguir as tradições do *Pessach*. Com a ajuda de uma empregada, Fanny fazia sopa *kosher* de galinha, bolinhas de *matzá* e o mais tenro *brisket*.* Alguns dias antes do dia santo, ela jogava fora todos os restos de pães e massas feitos com fermento e lavava com água

---

* Assado feito com peito bovino. [N. dos T.]

fervente os utensílios de cozinha, pratos e copos. Sofie e as crianças ajudavam a limpar a casa. Poliam a prataria, punham a mesa com as toalhas mais finas. Alice era a mais esforçada, trabalhando com afinco para ganhar a aprovação da mãe e da avó.

O pai de Alice, em geral um homem excessivamente frugal, seguia a tradição e durante o feriado abria a casa aos amigos – não judeus, vizinhos, estranhos e pobres. Ele também convidava os trabalhadores mais graduados de sua fábrica para participar do *seder** do *Pessach*. O *seder* de 1912, ano em que Kafka provavelmente participou, foi um dos maiores que a família Herz organizou; além da família e de Felix, incluiu Kafka, vizinhos, vários trabalhadores da fábrica e o escritor Oskar Baum. Irma aconselhou Alice a tratar Baum, que era cego, do mesmo modo que os demais. Muito tempo depois, quando Max Brod escreveu sobre o primeiro encontro de Kafka com Baum, Alice reconheceu o conselho da irmã como um momento fundamental em sua educação moral. Quando Brod os apresentou, Kafka curvou-se em silêncio diante de Baum, saudando o cego como um igual. "Ele era assim",[7] disse Baum. "Superior, em sua profunda humanidade, à bondade em sua forma comum."

Alice não se recorda de quem participou da comemoração naquele ano, mas lembra-se de dobrar os guardanapos de linho branco como a neve, e por isso sabe que havia muitos convidados à mesa naquela noite. Parece-lhe também que Kafka pediu que se sentasse ao lado dele.

Foi tarefa de Alice e Mitzi distribuir os *Haggadoth*, livrinhos que relatavam a história do *Pessach*. Friedrich Herz, que também tinha recebido uma criação ortodoxa, conduziu a leitura resumida em alemão; Alice e Mitzi, que eram as mais jovens, leram juntas as quatro questões; seu pai explicou o significado original do *Pessach*;

---

* Jantar ritual conduzido durante a Páscoa judaica, durante o qual são consumidos determinados alimentos e é recontada a história da libertação dos israelitas do cativeiro no antigo Egito. [N. dos T.]

e Kafka ajudou as meninas a encontrarem o *afikoman**. Todos repetiram o texto ancestral "Este ano estamos aqui, no ano que vem em Jerusalém". Ninguém, salvo talvez Kafka, teria imaginado que Jerusalém se tornaria seu porto seguro em menos de 30 anos.

Quando, com sua voz forte de barítono, o pai conduziu "Dayenu", a canção de *Pessach* favorita das crianças, todo mundo cantou, até mesmo Kafka. Quando os homens se retiraram para a sala de estar, para degustar um *brandy* francês e charutos, pediram que Alice, então com 8 anos de idade, tocasse. Ela os atendeu com uma bagatela de Beethoven e uma valsa de Chopin.

Kafka apaixonava-se com frequência. Embora deixasse bem claro que sonhava com um casamento, ele reclamava que ninguém o entendia. "Encontrar alguma pessoa[8] com esse entendimento, uma mulher, por exemplo, [...] significaria ter Deus", escreveu em seu diário. Ele não procurava uma esposa que insistisse em lustres de cristal e, como diz Alice, "aqueles pesados móveis alemães". Mas Alice e sua mãe tinham certeza de que Kafka nunca se casaria. Ele lhes apresentou Felice Bauer como sua noiva, então rompeu o noivado apenas para ficarem noivos uma segunda vez, por umas poucas semanas, até que ele mudasse de ideia de novo. Na esperança de reconfortá-lo, a mãe de Alice sugeriu-lhe que, assim como Beethoven e Brahms, ele era um artista e pertencia ao mundo e não a uma única mulher.

Mas isso foi antes de Dora. Tanto Alice quanto a mãe sentiram que Dora Diamant, de 25 anos, era uma presença diferente e positiva na vida dele. Sofie disse que Franz havia encontrado sua própria e real natureza em Dora, e tinha esperança de que se casassem. Relembrando aqueles dias, Alice tem a impressão de que sua mãe estava instintivamente certa. Kafka era atraído pelo espírito independente de Dora, bem como por sua suavidade maternal. Observando-a enquanto escamava e eviscerava peixe na cozinha de um

---

* Pedaço de pão *matzá*, que é oculto para que as crianças o encontrem. [N. dos T.]

acampamento de verão, ele exclamou, em tom de reprovação: "Mãos tão suaves[9] e uma tarefa tão sangrenta." Dora ficou constrangida. Brod revelou: "Aquele era o começo[10] da amizade dele com Dora Diamant, a companheira de sua vida."

Como a mãe de Kafka, Dora tivera uma criação ortodoxa, mas como Kafka, havia escapado dos planos da família para sua vida. Apesar de ter se submetido a seu *Bar Mitzvah* em 1896, desde então Kafka declarara-se ateu e socialista. A família de Dora havia insistido para que ela se casasse cedo e desejava que ela se tornasse esposa e mãe. Ela literalmente fugiu de casa para estudar em Berlim, e tornou-se professora de pré-escola. Ela se interessava pelo Sionismo e compartilhava o interesse de Kafka por literatura iídiche, mais tarde influenciando o fascínio dele pelo Talmude. Quando ela e Kafka passaram a morar juntos em Berlim, diziam que aquele era o primeiro passo rumo a um lar permanente, juntos, na Palestina.

Estava claro que Dora amava Kafka completamente. Quando se viram pela primeira vez, apaixonaram-se de imediato. Kafka tinha 40 anos, quinze a mais que Dora, e já sofria de tuberculose. Em pouco tempo a enfermidade tornou necessária a hospitalização, e ele foi admitido em um sanatório em Kierling, perto de Viena. Alice recorda-se da preocupação de sua mãe quando Dora mudou-se para o quarto de Kafka para cuidar dele dia e noite. Miraculosamente, ela não contraiu tuberculose. Durante algum tempo ele pareceu melhorar e chegou a escrever cartas animadoras para a família de Alice. Mas a vida a dois teve curta duração. Pouco mais de um ano se passara desde o início de seu caso de amor quando, em 3 de junho de 1924, Kafka faleceu, justamente quando estava prestes a tornar-se famoso.

Seu corpo foi levado de volta a Praga para ser sepultado em Strašnice, o novo cemitério judeu. Junto com toda a sua família, Alice compareceu ao funeral, na capela do cemitério. Tinha então quase 21 anos, e estava ela própria a caminho de se tornar uma celebridade como pianista.

Ela veria Dora de novo, em 1950, em Israel, para onde Alice imigrou depois da guerra. Dora havia se estabelecido na Inglaterra, tendo escapado da Rússia de Stálin e do Holocausto de Hitler; estava casada e tinha uma filha. Tendo sido uma sionista fervorosa, a única visita de Dora a Israel foi um sonho transformado em realidade. Uma vez mais Alice, Dora e Felix Weltsch compartilharam histórias sobre Kafka, e especularam se sua fama póstuma o teria agradado ou assustado. Se tivesse vivido, teria finalmente concordado em casar-se com Dora? Com frequência chamando a si própria de Dora Kafka, ela ainda acreditava que teria sido sua esposa, enquanto Alice tinha certeza de que ele teria achado uma saída inteligente para evitar a decisão.

Alice nunca deixou de pensar sobre Kafka e sua gentileza para com ela. Mas por que ele era tão indeciso? Por que deixou seus livros sem final? Depois de muitos anos refletindo sobre isso, conversando com Brod e lendo numerosos livros sobre Kafka, Alice tem uma teoria, que não está em nenhuma das biografias dele que ela possui.

Alice explica que a mãe de Kafka era ortodoxa, enquanto seu pai, muito rígido e – de acordo com Franz – um tanto cruel, era completamente secular, talvez até mesmo ateu. Se Kafka praticasse a fé de sua mãe, ele enfrentaria a ira do pai. E renunciar à religião de sua mãe e de seus ancestrais magoaria profundamente aquela que lhe deu a vida. Alice conclui: "Kafka nunca soube onde era seu lugar, nunca teve certeza de sua identidade ou do caminho a tomar. Escolher significaria desapontar um de seus pais. Este, acredito, era o âmago de seu problema."

Alice observa que o próprio Kafka teria se divertido com os estudiosos que hoje debatem seu trabalho de um modo kafkiano. Uns dizem que seus escritos não têm nada a ver com o judaísmo ou com suas raízes judaicas. Outros declaram que seu trabalho é totalmente uma escrita judaica.

Alice aceita ambos os veredictos como parcialmente verdadeiros.

Interlúdio

Um anel de esmeralda

"Ele não era muito bonito, e não era nada atraente", recorda-se Alice. "Mas era, ah, tão charmoso. As mulheres eram loucas por ele." Ela se refere ao confidente e biógrafo de Kafka, Max Brod. Tendo travado conhecimento em Praga – Brod escreveu críticas entusiasmadas aos primeiros concertos de Alice, e era grande amigo da família dela – Alice e Brod voltaram a ter contato como emigrantes, em Israel, após a chegada de Alice em 1949.

Sempre namorador, Brod estava então apaixonado pela ruiva Annie, uma jovem russa. Ele havia decidido que esta beldade deveria, sob a orientação experiente de Alice, melhorar sua habilidade ao piano. Por conta da amizade com Brod, e por ele constituir uma das poucas ligações com sua vida passada em Praga, Alice concordou em acomodar em seu cronograma aquela aluna improvável.

Durante a segunda aula, o telefone tocou. Era Brod.

– Ela ainda está aí com você? – ele quis saber. – Está usando um anel verde? Dei a ela uma esmeralda e quero me certificar de que ainda está em seu dedo!

Alice correu de volta para o piano, olhou a mão da mulher e viu que ela tinha virado o anel, de modo que ele parecia uma aliança, com a pequena pedra escondida na palma de sua mão. Mais tarde, Brod admitiu que estava tentando reabilitar aquela alma perdida, e temia que ela pudesse ter vendido o anel para comprar drogas no caminho para a aula.

Este incidente fez Alice recordar-se das histórias que seu irmão Paul lhe contara, sobre as excursões que Brod fazia com Kafka aos prostíbulos exclusivos de Praga. *"Plus ça change, plus c'est la meme chose."**

Alice sorriu para si mesma e continuou com a aula.

---

* Em francês no original: "Quanto mais a coisa muda, mais continua a mesma." [N. dos T.]

Capítulo 2

Um coração tolerante

"Eu amo as pessoas. Pessoas de todos os tipos. Adoro conversar com elas."

Alice contrai os lábios com um sorriso adorável. Então, fechando os olhos por um instante, como se buscando as palavras certas, ela clarifica seus pensamentos. "Eu não enxergo as pessoas como um grupo a ser julgado. Por trás de cada homem ou mulher existe uma história. Tenho o interesse de descobrir o melhor em cada indivíduo."

Ela conta histórias das crianças ciganas que viviam pelas ruas de Praga quando era pequena. Amigos importantes de sua família muitas vezes cruzavam para o outro lado da rua quando viam os meninos e meninas de etnia rom, com 5, 6 anos de idade, aproximando-se para pedir moedas ou chocolates. Alice foi advertida com severidade para manter-se afastada dessa gente.

– Eles são sujos e roubam.

– Mas estão sorrindo para nós. Talvez estejam com fome.

Alice tentava conversar com eles, e sempre que seu pai ou sua mãe a puxavam de volta, ela sofria.

Mais tarde ela pensaria nessas mesmas crianças, ao acompanhar uma apresentação das *Canções Ciganas*, de Dvořák, baseadas na empolgante música folclórica dos rom, que ele tanto amava.

E se ela fosse rom? Como seria ser excluída? Alice nunca teria acreditado que descobriria em primeira mão. Nem poderia prever que seus direitos como cidadã tcheca lhe seriam arrancados sem apelação. A Tchecoslováquia era, afinal de contas, um país livre e democrático, com direitos iguais para todos. Mesmo a pena capital era quase desconhecida.

O ódio de Hitler pelos judeus era ainda maior que seu desprezo pelos ciganos. Todos ao redor de Alice estavam atentos às perturbadoras notícias políticas que chegavam da Alemanha desde que Hitler subira ao poder. A princípio, muita gente, tanto judeus quanto não judeus, não levou a sério demais os discursos inflamados, as leis raciais absurdas e os indícios de guerra.

Muitos acreditavam que os alemães, civilizados, com consciência de classe e um enorme respeito pela educação universitária, jamais permitiriam que esse impostor – um desistente do ensino médio que havia morado em pensões, sem falar que nunca frequentara a universidade – liderasse um país que reconhecia, como estadista ideal, o aristocrático e muito culto Otto von Bismarck, unificador dos 39 estados alemães. Com a certeza de que os alemães não tolerariam Hitler e sua quadrilha ao timão, muita gente convenceu-se ou tentou acreditar que o delírio nazista iria passar logo. E a maioria das pessoas decentes foi incapaz de supor que Hitler estivesse mentindo ao assinar pactos e fazer promessas àqueles que pretendia destruir. Líderes importantes, que poderiam ter feito a diferença na Grã-Bretanha, Europa e Estados Unidos – incluindo Churchill e Roosevelt – foram incapazes de reconhecer o gênio maléfico de Hitler antes que fosse tarde demais. Quando Viena recebeu a anexação alemã da Áustria, em 1938, com multidões que comemoravam e acenavam suásticas, os otimistas já não puderam evitar o toque de despertar. Judeus de toda a Europa, desesperados para escapar, solicitavam com urgência vistos para portos seguros.

Em 1938, Alice, com 34 anos de idade, nunca havia sido tão feliz. Ela tinha tudo o que sempre quisera: havia dado à luz seu filho um ano antes, tinha um casamento cheio de amor, alunos dedicados e uma carreira promissora. Como muitos judeus assimilados, ela e o marido ainda sentiam-se em relativa segurança sob a proteção do exército da Tchecoslováquia. O lado tcheco da fronteira com a Alemanha era um terreno montanhoso e pesadamente fortificado. Assim, quando seu amigo Max Brod – que era um sionista ativo havia anos – começou a encorajar Alice e as irmãs e suas famílias para imigrarem para a Palestina com ele, ela decidiu ficar em Praga, embora as irmãs decidissem seguir Brod. Alice e o marido não queriam correr o risco de estabelecer-se em um novo país com uma criança tão nova. O pai de Alice havia morrido de ataque cardíaco uma década antes, mas a mãe ainda vivia, já com bastante idade; a saúde debilitada tornava impossível viajar para o exterior, e ela precisava de Alice. Seu irmão mais velho, Georg, vivera uma vida desregrada, jogando e bebendo, e tinha morrido em 1931 dos efeitos do alcoolismo. O outro irmão, Paul, sujeito a diferentes leis raciais por ter se casado com uma católica húngara, nunca se estabelecera em uma profissão. Tanto ele como a esposa adoravam jogar e não eram pessoas confiáveis. Além do mais, Alice ainda acreditava nas promessas do tratado que britânicos e franceses haviam firmado para proteger a Tchecoslováquia.

A mãe de Alice vendeu a maior parte de suas propriedades para auxiliar nas despesas das irmãs, e Alice também contribuiu com boa parte de suas economias para ajudar a pagar os custos da imigração. Os britânicos exigiam uma taxa de desembarque, equivalente a US$ 100 mil em valores atuais, para cada pessoa que entrasse na Palestina.

Em 29 de setembro de 1938, os primeiros-ministros da Grã-Bretanha, Neville Chamberlain, e da França, Édouard Daladier, determinados a evitar um confronto militar com Hitler, traíram o acordo com a Tchecoslováquia durante um encontro conjunto com o *Führer* em Munique. Eles concordaram com a anexação, por Hitler, de uma grande porção do território tcheco, conhecida como a região dos Sudetos, onde viviam 3 milhões de cidadãos, em troca da promessa de que os alemães não fariam mais nenhuma demanda territorial na Europa. A maioria dos historiadores concorda que as forças combinadas de tchecos, franceses e britânicos poderia ter imposto uma sonora derrota aos alemães, tão mal-equipados que seus tanques se quebraram na estrada para Praga, evitando que a guerra avançasse pela Europa. Mas quando os dois chefes de Estado entregaram a democracia tcheca em sacrifício ao ditador nazista, Chamberlain vangloriou-se de ter alcançado "paz com honra,[1] paz para nossos tempos". Seus momentos de vergonhosa glória foram fugazes. No dia seguinte, 1º de outubro, as tropas de Hitler invadiram a região dos Sudetos.

Numa noite de março de 1939, debaixo de neve, Max Brod e as irmãs de Alice, junto com suas famílias, embarcaram no último trem que deixou Praga antes da ocupação alemã. Com destino a Nápoles, onde tomariam um navio para a Palestina, o trem cruzou a Tchecoslováquia em direção aos Sudetos. No meio da noite, ele parou do lado tcheco da fronteira com a Alemanha, que já estava ocupada pelos soldados nazistas. Guardas da SS, armas em punho, inspecionaram cada vagão, um a um, antes que o trem prosseguisse.

No dia seguinte, 15 de março, a neve continuou a cair, pesada, em Praga; a cidade parecia desolada, em um silêncio anormal. Com Beneš e os membros do governo tcheco livre trabalhando exilados na Inglaterra, onde os soldados e paramilitares tchecos tinham se juntado às forças britânicas, a Tchecoslováquia estava indefesa. As tropas de Hitler, acompanhadas por tanques nazistas e caminhões lotados de soldados que agitavam bandeiras, entraram em Praga sem enfrentar qualquer obstáculo. A Tchecoslováquia não existia mais. Fora transformada à força em protetorado de uma Alemanha expandida, e submetida à rigorosa implementação das hostis leis raciais impostas pelo Reich nazista.

Em Praga, as mulheres teriam se deitado na neve num fútil esforço de deter os tanques. Outros cantavam o majestoso hino nacional tcheco, as lágrimas escorrendo pelas faces. Alice ouviu as notícias pelo rádio. Depois, viu tudo pelas janelas da casa de um amigo no centro da cidade, perto da Praça Wenceslas. No dia seguinte, ela estava entre a multidão que assistiu a chegada do próprio Adolf Hitler à cidade. Ela voltou para casa, caminhando apressada quase quatro quilômetros, para brincar com o filho de 2 anos.

Alice agora se deparava com gente que era inimiga declarada de todos os judeus; ela viu até alguns amigos e vizinhos não judeus afastarem-se dela, temendo pela própria vida. Em 1941, Leopold foi despedido de seu emprego no ramo de importação e exportação por ser judeu. Rafi foi proibido de frequentar as creches tchecas ou de brincar com crianças não judias. Judeus não podiam ter telefones, rádios ou bicicletas. Todos os judeus tinham de usar a estrela amarela costurada em suas roupas.

Durante algum tempo, muitos dos alunos não judeus de Alice ignoraram os regulamentos nazistas e prosseguiram com as aulas de piano. Mas a cada semana tal desafio se tornava cada vez mais perigoso, para os alunos e para a professora. Eles se separaram com tristeza. Os magros rendimentos de Alice reduziram-se. Os alunos judeus que restaram compareciam nos horários costumeiros, encontrando conforto no incentivo carinhoso de Alice, até serem deportados.

Diversas famílias nazistas haviam se mudado para o prédio de Alice. Quando Rafi tinha 4 anos, ele brincava com Johann Hermann, de 5 anos, que vivia em um apartamento do andar logo acima. Ambos compartilhavam seus melhores brinquedos e livros, e a sopa caseira feita por suas mães. Ambos falavam alemão, vestiam calças curtas e eram gorduchinhos. As crianças brincavam nos corredores, nunca no apartamento um do outro.

Às vezes, ao meio-dia, quando ninguém estava por perto, a Sra. Hermann, uma obediente dona de casa que preparava pratos de aroma delicioso, com ingredientes que já não estavam disponíveis para os tchecos comuns, ficava vigiando enquanto os dois garotos brincavam de esconde-esconde no pátio. Em dias chuvosos, ela lia para eles nas escadas, enquanto Alice praticava.

O Sr. Hermann, membro do Partido Nazista, tinha sido enviado para Praga para trabalhar como funcionário público no quartel-general da Gestapo. Ele não usava uniforme, mas uma vez Alice o viu fazendo a saudação nazista para um oficial diante do prédio onde viviam. Os vizinhos quase não o viam. Ele parecia deslocar-se só de noite ou de manhã muito cedo.

Em 1941, numa reunião secreta em Praga, Adolf Eichmann anunciou à sua equipe seus planos para a "solução final". "Os judeus da Boêmia e da Morávia[2] estão sendo reunidos em um campo de passagem para a evacuação. [...] Theresienstadt pode absorver sem problemas de 50 a 60 mil judeus [ao mesmo tempo]. De lá serão transportados para o leste." A mãe de Alice e os pais de Leopold estavam entre os primeiros cidadãos judeu-tchecos a receber seus avisos de deportação para Theresienstadt, no início de 1942.

Arrasada, Alice caminhou junto com a mãe para o centro de deportação. Então disseram adeus. Alice ficou olhando a mãe desaparecer na imensa multidão. "Nunca vou esquecer a imagem de minha mãe, de 72 anos, afastando-se devagar e desconsolada, sem olhar para trás. E eu não podia fazer nada. Nada", ela murmurou. "Foi o momento mais triste da minha vida."

Naquele meio-tempo, Leopold estivera trabalhando para o Conselho Judeu de Praga, que atuava sob supervisão nazista. Depois de forçado a fechar sua empresa, em conformidade com as novas leis nazistas, Leopold tentara desesperadamente abrir uma nova firma na Bélgica neutra. Uma vez estabelecida, ele tivera esperanças de mudar-se com a família para Bruxelas. O plano foi abortado quando as tropas de Hitler ocuparam a Bélgica, em 10 de maio de 1940. Só restou a Leopold fugir de volta para Praga. O Conselho Judeu ofereceu-lhe o único emprego possível como judeu. Leopold e seus colegas não tinham escolha a não ser acatar as ordens da Gestapo de compilar listas de pessoas para deportação. Embora seu trabalho pudesse manter o nome dele e o de Alice fora da lista por algum tempo, chegaria o dia em que o Conselho Judeu também seria deportado e o escritório, fechado em definitivo. Em 1943, Praga estava quase *Judenfrei* (livre de judeus), e era apenas uma questão de tempo até que Leopold e sua família fossem convocados. Ele escondeu a notícia de Alice o máximo que pôde.

A carta deles foi entregue pelo correio normal. Em 3 de julho de 1943, a família Sommer foi convocada para o centro de recolhimento, para ser deportada para Theresienstadt.

Restavam-lhes dois dias em Praga. Como ela explicaria isso a Rafi? Mesmo nesse caso Alice recusou-se a ceder à desesperança e à depressão. No início de 1942, o Conselho Judeu de Praga contara-lhe sobre os concertos realizados para os prisioneiros em Theresienstadt. Ela se consolou com uma pergunta: "Se posso apresentar concertos, será tão ruim assim?" Nos dois dias seguintes, Alice praticou como se estivesse se preparando para uma grande turnê europeia. Sem parar para se alimentar, ela ensaiou sonatas de Beethoven e estudos de Chopin até que, esgotada, ela se deitou em seu sofá Biedermeier para avaliar seu futuro desconhecido.

A notícia da deportação deles espalhou-se depressa, e no dia seguinte, uns poucos amigos e conhecidos vieram despedir-se, com um alívio evidente: era ela, e não eles, que estava sendo despachada para longe. Paul e sua esposa, Mary, passaram alguns momentos a sós com Alice antes de um abraço final. Ela ofereceu a eles tudo o que tinha no apartamento, mas era inútil. Eles moravam em um lugar pequeno demais para a mobília extra e, além do mais, sendo judeu, Paul tinha de ser cuidadoso. Ninguém perguntou a Alice como ela se sentia. Ninguém trouxe *goulash* para o jantar. Ninguém lhe pediu que tocasse. Como compradores em potencial em um leilão, eles examinavam o apartamento, indo de cômodo em cômodo, abrindo armários e cômodas. O senhorio juntou-se aos visitantes quando estes começaram a levar as coisas embora.

Ninguém perguntou a Alice se poderia ou deveria levar esta mesa ou aquele jogo de louça. Uma mulher tirou um quadro da parede. Outra apanhou um vaso antigo. Uma vizinha saiu do quarto com um colar de ouro que havia encontrado; outra vizinha, que morava do outro lado da rua, agarrou-o para si. "Isto é meu. Alice prometeu que eu poderia tomar conta dele."

Alice ficou olhando enquanto levavam de seu apartamento tudo que pudessem carregar, em teoria para tomar conta. Enquanto algumas pessoas desciam para a rua carregadas com itens domésticos, o senhorio disputava com outras os tapetes e as cadeiras. Alice sabia que jamais voltaria a ver seus pertences. Os nazistas confiscariam seu piano, seu mais valioso bem, quando investigassem o apartamento depois da partida dela com a família. No dia seguinte, os Sommer não teriam mais nome nem cidadania. Daí em diante seriam conhecidos por seus números de deportação: DE 166, DE 167 e DE 168. Em 5 de julho de 1943, seriam embarcados para Theresienstadt.

Naquela noite, quando já era bem tarde e a maioria dos outros residentes estava dormindo, os Hermann bateram à porta.

– Trouxemos um bolo para sua viagem – disse a Sra. Hermann a Alice. Era um bolo de purê de maçã, ainda quente do forno e decorado com fatias açucaradas de maçã assada, temperadas com canela e cravo. Alice compreendeu a excepcional gentileza, em tempo de guerra, de um bolo feito com ovos frescos, manteiga e o precioso açúcar. O Sr. Hermann poderia ter recebido uma punição severa, pois qualquer ato de bondade para com os judeus era estritamente proibido.

Quando Alice os convidou a entrar no apartamento, o Sr. Hermann espiou pela janela para assegurar-se de que não havia ninguém vigiando. Alice desculpou-se por não ter cadeiras para oferecer. Os Hermann sentaram-se no chão e pediram-lhe que tocasse para eles. Alice atendeu, com o Noturno em Si Bemol Menor de Chopin, o primeiro movimento da sonata de Beethoven, opus

81a, intitulada *Das Lebewohl* ("O Adeus") e, por fim, o lírico terceiro estudo de Chopin.

– Obrigada, Sra. Sommer – agradeceu a Sra. Hermann. – Vamos sentir falta de sua música. Adorávamos ouvi-la praticando. Tornava nossa vida mais suave durante estes tempos difíceis. Por favor, cuide-se e volte em segurança. Talvez nosso filho possa estudar piano com a senhora algum dia.

Então o Sr. Hermann entregou a Alice a bola de futebol com a qual os garotos brincavam.

– Soube que seu Rafi gosta de jogar bola – disse.

Não apertaram as mãos, mas Alice teve quase certeza de ter visto uma lágrima formar-se nos olhos da Sra. Hermann, quando eles se voltaram para partir.

Em Theresienstadt, os casais eram separados no portão, e Leopold foi conduzido para a seção masculina. Enquanto Alice era carregada pela multidão de gente desalojada, ela disse a Rafi:

– Segure minha mão e não solte! E lembre-se, fale apenas tcheco. Finja que não entende alemão.

Pela primeira vez na vida ela estava aterrorizada; ela temia perder seu irrequieto garoto de 6 anos. "Como pode este pesadelo estar acontecendo conosco?", ela se perguntava repetidas vezes.

Ao apresentar-se em concerto após concerto, ela começou a notar soldados nazistas de pé no fundo da sala, ou ouvindo do lado de fora das janelas. Ela ficava pensando sobre esses jovens, às vezes homens atraentes usando botas negras lustrosas e jaquetas cinzentas ornamentadas com emblemas nazistas, que para ela simbolizavam a morte. Quem eram seus pais? Por que estavam ali? Como podiam amar música e ainda assim portar a suástica e servir ao mal? Algumas daquelas faces ostentavam a mesma fisionomia despreocupada e o espanto obediente daqueles jovens tchecos que tinham fugido para a Inglaterra para juntarem-se ao combate. Mal haviam saído da infância. Odiariam de fato os judeus? Seriam voluntários ou teriam sido forçados a servir? Acreditariam na propaganda? Ou apenas almejavam, como ela, sobreviver e voltar para casa?

Com o passar dos meses, várias daquelas faces juvenis tornaram-se familiares; Alice chegou a ver um deles aplaudindo, até ser cutucado por um colega, recordando-o de que a aprovação de qualquer pessoa ou coisa judia era proibida. Numa noite, já tarde, quando ela deixava os Quartéis de Magdeburgo para voltar ao seu alojamento, um jovem oficial aproximou-se dela. Era alto e muito magro. Seu cabelo loiro e liso era mais longo que o da maioria dos soldados. Pareceu a Alice tratar-se de um aspirante a poeta.

– Por favor – disse-lhe ele. – Devo dizer-lhe muito obrigado. Toca piano de forma magnífica.

Alice o olhou e acenou a cabeça, agradecida. Ambos desapareceram na escuridão.

Mais tarde, Alice repreendeu-se por não ter agradecido ao jovem a ousadia de falar-lhe. Confraternizações eram severamente punidas. Ela também sabia que os demais prisioneiros ficariam ressentidos com ela se a vissem dirigindo qualquer gentileza aos captores nazistas. Mas naquela noite ela decidiu manter-se fiel a si mesma. Trataria a todos igualmente. Se um nazista lhe dirigisse uma palavra elogiosa, ela lhe agradeceria como a qualquer um.

Quase um ano depois desse seu encontro com o soldado nazista, Alice realizou um concerto de excepcional inspiração, com obras de Beethoven, e ao final outro soldado jovem esperava por ela na escuridão de um umbral. A voz dele a sobressaltou.

– É a Sra. Sommer, a pianista?

– Sim, sou a Sra. Sommer – respondeu Alice, continuando a andar.

– Um momento, por favor – ordenou ele.

Alice deteve-se quando um homem com quase o dobro de sua altura bloqueou-lhe o caminho.

– Preciso falar-lhe. Não tenha medo.

Alice olhou direto no rosto dele e respondeu:

– O que quer?

– *Frau* Sommer – ele continuou em alemão –, venho de uma família musical. Minha mãe era uma pianista talentosa, e me levou a muitos concertos. Entendo muito sobre música. Quero apenas agradecer-lhe por seus concertos. Eles têm significado muito para mim.

Alice sorriu enquanto sussurrava:

– Obrigada. Fico feliz em saber que a música o ajuda. – Naqueles poucos segundos ela vira um jovem assustado que poderia ter sido seu amigo se não estivessem separados pelo uniforme que ele usava. – Preciso ir.

Ele olhou ao redor para ver se não eram observados.

– Por favor, mais uma coisa – disse. – A senhora e seu filhinho não estarão em nenhuma lista de deportação. Ficarão em Theresienstadt até o final da guerra. Não se preocupe, estarão seguros.

Com estas palavras, ele desapareceu depressa.

Alice nunca o viu de novo. Ela não sabe seu nome ou posto. Teria sido mandado para o *front*? Conseguiu sobreviver?

Depois da guerra, as listas nazistas de deportação para Auschwitz foram descobertas nos arquivos dos registros de guerra. Nem o nome dela, nem o de seu filho foram achados em qualquer das listas finais.

Alice sempre se perguntou que custo teria pagado o jovem nazista que ela acredita ter salvo sua vida, e também o que teria acontecido aos Hermann; e qual, caso tenham sobrevivido, teria sido o destino do filho deles. Mais de meio século depois, as lembranças dessas pessoas continuam a assombrá-la.

Capítulo 3

Descascando batatas

$\mathcal{Q}$ue Alice ficasse amiga de Golda Meir, a filha do carpinteiro de Milwaukee* que se tornaria a primeira-ministra de Israel, não é algo surpreendente. Alice, assim como Golda, não via sentido em valores materiais ou frívolos, e ambas compartilhavam o desdém pela pretensão e um compromisso com uma vida moral acima da ambição. Os anos de guerra haviam mostrado aquilo de que ela podia prescindir para viver, tendo sido roubada de tudo exceto o que tinha em sua mente. "Apenas o que está dentro é importante", ela costuma dizer.

Com sua alma socialista enraizada na vida de *kibbutz*, Golda Meir pareceu não mudar enquanto sua vida política tomava impulso, de embaixadora na União Soviética a ministra do Exterior a primeira mulher a assumir o cargo de primeiro-ministro de Israel. A despeito de sua reputação de líder durona, Golda nunca reprimia sua alegria ou sua tristeza. "Não é por acidente que muitos me acusam[1] de conduzir os assuntos de Estado com o coração e não com a cabeça", disse ela em uma entrevista para Oriana Fallaci. "Bem, e se eu fizer isso? [...] Aqueles que não sabem chorar com todo o coração também não sabem como rir", afirmou.

---

* Principal cidade do estado de Wisconsin, nos Estados Unidos. [N. dos T.]

Muitos falam sobre viver uma vida autêntica. Tanto Alice quanto Golda o fizeram.

Alice já não se lembra de onde encontrou Golda pela primeira vez, mas supõe que tenha sido na Academia de Música de Jerusalém, anos antes de Golda tornar-se primeira-ministra. Alice recorda uma mulher alta, de aparência forte, com um vestido estampado abotoado até o pescoço, que a parabenizou em iídiche após um concerto. Ela nunca esqueceria a descrição que a mulher fez, "belíssima", da *Fantasia* em Dó Maior, *Opus* 17, de Schumann, que Alice acabara de executar. Mais de uma vez ela pediria a Alice que a tocasse para ela. Alice também sentia uma forte atração por essa peça. "Havia momentos nessa peça de uma beleza tão dolorosa que partiam meu coração", diz ela. É provável que o primeiro encontro entre elas tenha ocorrido no final de 1949, depois que Golda voltou de Moscou, onde atuou como a primeira embaixadora de Israel na União Soviética. Golda sem dúvida ouvira falar de Alice Herz-Sommer por conta dos inúmeros concertos que a pianista apresentara no campo de concentração.

Quando Alice chegou a Israel com o filho, em março de 1949, foi morar com sua irmã Mitzi, mas logo conseguiu encontrar um apartamento para si em Jerusalém. Lá, ela deu início a sua tradição de promover encontros musicais nas tardes de domingo. Era uma maneira segura de reunir não apenas seus novos amigos, mas também seus parentes e os amigos antigos – uma forma de reviver suas lembranças da vida em Praga. Um psiquiatra sugerira a Alice que uma casa sempre cheia de familiares e amigos era um antídoto eficaz para a sensação de estranheza de um novo país, e para a inevitável solidão de seu filho único. Rafi era um consumado virador de páginas de partituras, e sempre podia ser encontrado em meio ao entretenimento, prestando seus serviços durante apresentações de música de câmara.

Alice não tinha telefone e nem tempo para escrever convites, mas naquela época em Jerusalém o boca a boca era mais do que suficiente. Além do grupo central formado por suas duas irmãs e seus maridos, quase sempre estavam presentes Max Brod e Edith Kraus – uma pianista que sobrevivera a Theresienstadt e Auschwitz. Se não aparecessem músicos suficientes para música de câmara, Edith ou Alice ofereceriam obras de piano solo. E se gente demais viesse para os "Domingos" de Alice, a porta do apartamento ficaria aberta, para que os retardatários pudessem se acomodar no corredor. Sentados no chão, eles poderiam ouvir a música. A única restrição de Alice era que as visitas jamais deveriam perguntar-lhe sobre o Holocausto ou falar dele em sua casa. Os anos transcorridos desde a deportação pelos nazistas até a chegada a Israel não eram tópicos de conversação.

Golda Meir vivia perto dali, na vizinhança aprazível. Com frequência, os alunos de Alice relatavam tê-la encontrado quando vinham para as aulas. Por intermédio de Brod ela tomou conhecimento dos encontros semanais, e em um sábado de inverno, no início da década de 1950, Golda apareceu quinze minutos mais cedo, curiosa para conhecer melhor a discreta pianista da Tchecoslováquia.

Na noite anterior, Alice havia feito um panelão de sopa *goulash*, um prato que ela podia preparar rápido e deixar cozinhando lentamente enquanto dormia. Quando Golda entrou, Alice descascava apressada uma montanha de batatas. A princípio, Alice notou apenas os pés calçados em sapatos ortopédicos pretos e pesados, que deixavam um rastro na água que caíra no piso da cozinha. No mesmo instante em que ela disse "*Shalom*", Golda apanhou uma toalha e limpou a sujeira que fizera. Sem pestanejar, Alice apontou para seus próprios tênis de lona. "Parece que temos pés felizes", disse. As duas mulheres riram, sabendo como doem os pés da maioria das mulheres que usam elegantes saltos altos; elas não sabiam então que "sapatos de Golda" um dia se tornaria um eufemismo para tudo que fosse feio e fora de moda. Então, sem perguntar nada, Golda pegou uma faca da bancada e começou a descascar as batatas como se fosse uma *souschef** profissional. Alice não protestou.

Nenhuma delas usava maquiagem, e ambas trajavam saias e blusas simples, de algodão. Ambas moravam no distrito Rechavia, perto da Cidade Antiga.

As primeiras palavras que trocaram pareciam a retomada de uma conversa interrompida.

– Espero que você não se importe por eu ter chegado cedo. Adoro ajudar.

– Quer tomar algo? Café?

– Viu o artigo no jornal de hoje sobre Yehudi Menuhin?**

– Claro, você assistiu ao concerto?

Golda tinha sido fundamental para que o governo oferecesse uma maior assistência aos refugiados, e perguntou a Alice se poderia ajudá-la de algum modo. Ela respondeu com um agradecimento pela existência daquele porto seguro.

– Você tem filhos? Eles sobreviveram? – perguntou Golda.

Alice se dispôs a apresentar-lhe seu filho adolescente, que tocava tanto violoncelo como piano. Golda, cinco anos mais velha que Alice, falou sobre a criação de seus dois filhos no *kibbutz*, e como a comunidade tinha auxiliado as mães que trabalhavam.

– Que aconteceu a seu filho, onde ele estava durante o Holocausto? Estava escondido? – perguntou.

Alice fez uma breve pausa, olhou bem nos olhos de Golda e disse:

– Eu nunca falo sobre aquela época. Não quero que ninguém sinta pena de mim. Não quero que meu filho se lembre. Quero que sua infância seja feliz.

---

* O cozinheiro que está logo abaixo do *chef* na ordem hierárquica de uma cozinha. [N. dos T.]

** Yehudi Menuhin (1916-1999), judeu estadunidense de ascendência russa, considerado um dos maiores violinistas do século XX. [N. dos T.]

Golda pareceu solidarizar-se com a resposta, mas insistiu.

– Mas o que você sente a respeito dos alemães e de tudo o que acontece com o nosso povo?

A princípio Alice ficou em silêncio.

– Não estou aqui para discutir o passado – disse. – Amo este jovem país, para o qual eu talvez possa contribuir. Não fui poupada para passar meus dias olhando para trás e trazendo infelicidade a mim e aos outros. E logo vamos fazer belas músicas.

E então Alice recorda-se de ouvir Golda dizendo:

– Descascar batatas me dá *naches* (alegria).

Naquele dia, na cozinha de Alice, a amizade entre as duas consolidou-se.

As vidas de Alice e de Golda tiveram muitas semelhanças. Ambas criaram sozinhas filhos talentosos que estudaram violoncelo. Embora com treze anos de diferença, tanto Menahem Meir como Rafi Sommer tiveram a felicidade de estudar com o maior violoncelista do mundo, Pablo Casals. Ambos tornaram-se músicos muito respeitados, realizando frequentes concertos. Mais tarde, Menahem iria tornar-se diretor do Conservatório de Música de Israel, em Tel Aviv, enquanto Rafi assumiria o cargo de professor de violoncelo na Guildhall School of Music, em Londres. Alice contou a Golda, certa vez, que seu pai não estudara e tampouco lera bons livros; ainda assim, as duas concordavam que haviam aprendido mais sobre a vida com os pais do que com as mães. E as duas haviam decidido viver sem marido. O casamento de Golda havia terminado devido ao tempo e ao esforço que ela dedicava ao trabalho; quanto a Alice, embora não lhe faltassem pretendentes, ela nunca voltou a casar-se; desde sua chegada a Israel, homem algum poderia desviar sua atenção da música, que era sua vida.

Com o passar dos anos, e à medida que Golda assumia posições cada vez mais influentes no governo, elas se encontravam cada vez menos. Quando Golda era ministra do Exterior, ela viajava o tempo todo. Alice, por sua vez estava ocupada criando Rafi, dando aulas, praticando quatro ou mais horas por dia e viajando por toda Israel apresentando concertos.

Alice não se surpreendeu quando Golda se tornou a primeira mulher a assumir o cargo de primeiro-ministro de Israel. Ela achava que Golda era a melhor escolha para a tarefa, e que merecia a "promoção". Hoje, Alice afirma, com carinho: "Podia-se confiar nela como líder mundial; ela tinha bom senso, adorava as pessoas, trabalhava pela paz, mas era dura quando necessário."

As notícias sobre os concertos frequentes de Alice em Jerusalém e Tel Aviv se espalhavam, e cada vez mais membros da elite de Israel começavam a ser vistos durante as apresentações. Logo os grandes nomes do país passaram a frequentar também sua casa. Max Brod atuava como seu cronista, e mostrava a Alice a lista de admiradores famosos que fazia: Leonard Bernstein, Isaac Stern, Abba Eban, Arthur Rubinstein, Yehudi Menuhin, Zubin Mehta, o jovem Daniel Barenboim e, junto com Golda, Teddy Kollek, que viria a ser o adorado prefeito de Jerusalém. Alice conta: "Kollek era sempre elegante e charmoso, mas Golda era muito musical. Ela não teve a oportunidade de estudar, mas educou-se sozinha indo muito a concertos. Ela entendia a mensagem da música, mas Kollek, nem tanto." Alice acrescenta que às vezes ela achava que Kollek caía no sono durante os concerto.

De acordo com Alice e outros, Golda tinha padrões musicais elevados. Isaac Stern, Rudolf Serkin e Arthur Rubinstein eram convidados frequentes em sua casa. Orgulhosa de seu papel como presidente de honra da famosa Rubinstein International Piano Master Competition [Competição Master Internacional de Piano Arthur Rubinstein], ela declarou: "Embora eu não saiba muito sobre música,[2] há três músicos com os quais tenho especial afinidade: Casals, Rubinstein e meu filho!" Alice contesta essa modesta autoavaliação. "Golda tinha grande conhecimento", insiste. "Ela sabia muito sobre música."

Quando a Filarmônica de Israel foi fundada, como Orquestra Filarmônica Palestina, em 1936, Golda estava na plateia do primeiro concerto. Regido por Arturo Toscanini, ele próprio um refugiado da Itália fascista, o concerto foi realizado em um grande pavilhão do parque de exposições de Tel Aviv. O maestro Toscanini, reconhecido à época como o maior regente do mundo, afirmou: "É dever de todos[3] contribuir, lutando por este tipo de causa de acordo com suas próprias possibilidades." Ele recusou o pagamento oferecido pela Filarmônica Palestina, até mesmo de suas despesas de viagem, com a explicação de que estava "fazendo isso pela humanidade",[4] em solidariedade aos músicos que tinham sido vitimados pelos nazistas.

Golda havia conhecido o fundador da orquestra, o violinista Bronisław Huberman, quando ele se sentou a seu lado em um voo de Los Angeles a San Francisco, em meados da década de 1930, enquanto ela visitava os Estados Unidos em missão para o Histadrut (a Federação Geral dos Trabalhadores Judeus). Huberman contara a ela seus planos de criar uma orquestra sinfônica na Palestina, onde os músicos judeus que fugiam da Alemanha pudessem tocar, e ela prometera ajudar. Golda depois admitiu a seu filho que ela se sentiu envaidecida por um violinista de fama tão imensa tê-la reconhecido.

Huberman havia apresentado o Concerto para Violino, de Brahms, em Viena, com o compositor presente na sala. Em 1896, ano em que estreou no Carnegie Hall, os grandes compositores do mundo – Antonín Dvořák, Gustav Mahler, Anton Bruckner e Johann Strauss, da mesma maneira que Brahms – podiam ser vistos em suas audições. E agora, com a ajuda de Albert Einstein à frente dos Amigos Estadunidenses da Filarmônica Palestina, Huberman fundava a orquestra como sua contribuição à construção do futuro Estado de Israel. Os primeiros 73 membros eram todos emigrantes recentes fugidos da Alemanha e da Áustria nazistas, muitos dos quais tinham conhecido Huberman antes da guerra. Embora Alice nunca o tivesse encontrado em pessoa, ela o ouviu reger muitas vezes durante o pré-guerra, em Praga e Viena.

Menahem Meir relembra que o aspecto mais significativo daquele primeiro concerto foi que os artistas e a plateia haviam se reunido em meio às revoltas árabes em protesto contra a imigração judaica e o Mandato Britânico. Árvores e lavouras preciosas haviam sido destruídas, casas incendiadas e quase cem judeus mortos, alguns deles antigos refugiados de Hitler. Na biografia de sua mãe, ele escreveu: "O fato de que Toscanini e outros[5] artistas talentosos tivessem, cientes e por vontade própria, entrado nessa atmosfera para estar conosco, fez nossos corações transbordarem."

Graças ao encontro acidental de Golda e Huberman durante o voo, ela conseguiu convencê-lo a patrocinar uma série anual de concertos para operários e agricultores. Golda e sua família compareciam a esses programas, de acordo com Menahem, com "devoção quase religiosa".[6]

Mesmo depois de se tornar primeira-ministra, Golda comparecia a concertos sempre que podia. Uma vez, confessou a Alice que sempre quisera estudar piano. Quando era criança, em Milwaukee, não havia dinheiro para as aulas. E depois, dadas as suas responsabilidades como trabalhadora, esposa e mãe, ela não tinha tempo livre. Ela perguntou a Alice se ela achava que ainda poderia aprender, mesmo tendo passado de seu septuagésimo aniversário.

– Nunca é tarde para tentar – respondeu-lhe Alice.

– Alice – disse-lhe Golda, com uma hesitação incomum –, você me aceitaria como aluna e me ensinaria a tocar piano, quando eu me aposentar?

Alice apertou-lhe a mão e disse:

– Será uma grande alegria para mim dar-lhe aulas, por você ser tão musical. Quando podemos começar?

Mas as aulas de piano jamais aconteceriam. Golda desenvolveu um câncer linfático e morreu em 1978.

Hoje, quase trinta anos depois que Alice imigrou para a Inglaterra, ela conta que seus dias mais felizes foram vividos em Israel. "Foi em Jerusalém que vi meu filho crescer forte e saudável, sem marcas dos anos de guerra. Eu amava os muitos alunos talentosos que ensinei – sabras, palestinos, russos, estadunidenses. Israel representava tanto o passado como o presente. Era uma época de grande esperança. Tudo parecia possível."

Politicamente, Golda tinha valores socialistas, enquanto Alice, que pouco sabia de política, simplesmente era desapegada de posses materiais. Alice lembra um momento em particular, quando Golda, de criação ortodoxa, perguntou-lhe sobre religião. Golda sorriu quando Alice respondeu: "Sou judia, mas Beethoven é minha religião."

A música, descascar batatas e o amor por Israel geraram o elo que permitiu a amizade entre essas duas mulheres emigrantes – a pianista de Praga e a futura primeira-ministra de Israel.

Interlúdio

Sonhando

Irma, a irmã mais velha de Alice, era uma pianista talentosa e deu-lhe as primeiras aulas, quando Alice tinha 7 anos. Enquanto sua gêmea, Mitzi, não demonstrava uma afinidade especial pelo instrumento, desde o início Alice praticava constantemente, memorizando cada peça que aprendia.

No final de novembro, antes de seu nono aniversário, ela foi capaz de executar de forma convincente a popular e evocativa "Träumerei",* de Robert Schumann. Alice tocou a peça uma vez atrás da outra, tentando alcançar sua própria interpretação. Ela praticava devagar e baixinho, e então decidiu que soaria melhor um pouco mais depressa e com uma linha melódica mais forte.

Seu irmão Paul, que era quatro anos mais velho e estava fazendo grandes progressos como violinista, quis tocar a linda "Träumerei" com Alice. Estava encantado com sua melodia contagiante, e pegou emprestada a música de sua irmã para sua aula seguinte.

Seu professor lhe disse que a peça havia sido escrita para piano e não para violino, e embora Paul a tivesse transformado em um

---

* "Devaneio" ou "A sonhar", talvez a mais conhecida das "Cenas Infantis" (*Kinderszenen*, Op. 15), uma popular obra de Schumann. (N. dos T.)

arranjo para violino, o professor não acreditava que alguém tão jovem pudesse entender uma música tão romântica.

– Você sabe como é o amor? – perguntou o professor. – Não estou me referindo ao amor por seus pais, ou por sua terra, mas o amor romântico por uma mulher?

Paul, com seus 12 anos, confessou que ele pensava na irmã de seu melhor amigo todas as manhãs e todas as tardes, e às vezes até durante as aulas de matemática.

– Sim, eu sei o que é o amor, meu coração bate mais depressa toda vez que penso nela. Às vezes é difícil até respirar.

O professor então concordou em deixar Paul tocar "Träumerei".

Naquela noite, em casa, Paul pediu a Alice para tocar com ele. Exagerando demais seus sentimentos, Paul não conseguiu manter o ritmo. Alice o corrigiu.

– Mas você não conhece o amor. Você é nova demais. Eu estou expressando o sentimento por trás da música – ele respondeu.

Ela foi rápida.

– Posso ser mais nova que você, mas sei contar, e tocar o que o compositor escreveu.

Capítulo 4

Aulas de piano

"A música sempre me rodeou. Estou falando de música ao vivo, pessoas tocando ou cantando, não de gravações. Isso veio anos depois." Alice está se referindo a algumas de suas memórias mais queridas da infância. "Minha mãe era uma pianista maravilhosa." Acenando com a cabeça, ela acrescenta: "*Ja, ja*, como ela adorava tocar. Era algo que a distraía da melancolia."

Em Praga, quase todo mundo que Alice conhecia tinha um piano, mas o de sua casa parecia reinar sobre a sala de estar da família. Era um grande piano de cauda – ou ao menos ele parecia enorme para a pequena Alice – que tinha pertencido a sua avó. O teclado permanecia sempre coberto quando não estava em uso, e ninguém tinha permissão para abri-lo ou tocar suas teclas sem antes lavar as mãos. Alice e Paul costumavam tocá-lo informalmente antes de irem dormir. Alice tocava valsas de Chopin e de Strauss, peças do *Kinderscenen* (*Cenas Infantis*) de Schumann e as primeiras sonatas de Beethoven. Juntos, ela e Paul executavam movimentos das sonatas para violino e piano de Mozart ou Schubert. Eles se divertiam tocando a Sonatina para violino e piano de Dvořák, baseada nas melodias dos nativos norte-americanos que o compositor ouviu nos Estados Unidos. Sofie achava a música um tanto exótica. Com frequência, os concertos terminavam com a familiar "Humoresque", de Dvořák. Alice ainda pode ouvir os vizinhos chamando "Depressa, os Herz estão para começar".

Em 1910, quando Alice começou suas aulas de piano, a música estava no ar de Praga. "Naqueles dias maravilhosos", recorda-se Alice, "Praga era música." O magnífico teatro verde e dourado onde Mozart havia regido a *première* de *Don Giovanni* erguia-se majestoso no centro da cidade, ao lado da Praça da Cidade Velha. Irma, a irmã mais velha de Alice, mostrara-o às gêmeas muitas vezes durante seus passeios, lembrando-lhes que Praga era a cidade favorita de Mozart. Ela as levava a piqueniques na antiga casa de fazenda Bertramka, onde Mozart viveu com sua mulher quando estava escrevendo a abertura de *Don Giovanni*. Dentro da casa, Alice teve permissão para passar a mão no piano diminuto, de sons suaves, como se fossem de sinos, que Mozart tocara pouco mais de um século antes.

Músicos do passado e do presente eram reverenciados. Bedřich Smetana e Antonín Dvořák haviam colocado os tchecos no mapa mundial com suas músicas inspiradas em melodias folclóricas. Os maiores artistas da época tocavam em Praga. Concertos e óperas com frequência apareciam na primeira página dos jornais matutinos, e não podiam ser perdidos. Mesmo os pobres e as pessoas de pouca cultura podiam ser vistos de pé nos setores populares quando os ingressos se esgotavam. "Às vezes economizávamos por meses para poder comprar os ingressos de um concerto importante", diz Alice.

Funcionários públicos, banqueiros, empresários, médicos, advogados, donas de casa – muitos deles eram exímios músicos amadores, e quem não era um instrumentista proficiente cantava em corais. O horário semanal de ensaio era sacrossanto. A palavra *amador* vem do latim *amator*, amante, e para muitos a música era o maior caso de amor de todos. Os concertos caseiros, chamados de *Hauskonzerte*, fossem executados por profissionais ou amadores, eram uma forma popular de entretenimento; de fato, os amigos muitas vezes reuniam-se na casa de alguém para ouvir a primeira apresentação de um novo trabalho, com a presença do compositor.

Além de seu talento musical, Alice era a aprendiz ideal. Irma incutiu nela a paixão pela prática. Alice fazia correções com facilidade e gratidão, repetindo uma frase ou seção até dominá-la. Talvez porque Alice fosse quase doze anos mais nova, Irma nunca pareceu invejar as habilidades da irmã. Em vez disso, ela se comprazia com os elogios por ser uma professora tão boa. Depois de dois anos, Irma apresentou Alice a seu antigo mestre, Václav Štěpán, considerado o melhor professor de Praga. Alice tocou um movimento de uma sonata de Beethoven para ele, que parabenizou a criança e sua professora. Embora não costumasse ensinar crianças pequenas, Štěpán ficou tão sensibilizado pela paixão de Alice por tocar que concordou em vê-la uma vez por mês, enquanto Irma continuaria as aulas semanais e supervisionaria a prática de Alice. Poucos anos depois, Štěpán passaria a ensinar Alice de fato; ele viria a se tornar seu mentor e amigo constante.

Era uma época em que Alice podia aprender com pessoas distantes dos imortais uma única geração. Ela literalmente podia tocar a mão daqueles que tinham convivido com Brahms, Liszt e Chopin. Seu futuro professor na academia, Conrad Ansorge, tinha estudado piano com o gênio da técnica Franz Liszt. Johannes Brahms havia dado seu próprio piano de cauda a seu aluno Alexander Zemlinsky, o inspirado fundador do conservatório onde Alice estudava, e que se tornou seu amigo. Nos concertos, ela aprendia com os pianistas Wilhelm Backhaus e Moriz Rosenthal, que haviam estudado com o mais promissor pupilo de Chopin, Karol Mikuli.

Embora Alice tenha se formando no Conservatório Alemão de Música de Praga como aluna de Ansorge, foi Štěpán quem continuou a guiar sua carreira. Foi ele quem conseguiu que ela estreasse como solista com a Filarmônica Tcheca, treinou sua execução do Concerto em Mi Menor de Chopin, acompanhou-a aos ensaios e convidou Max Brod para assistir ao concerto. Enfeitiçado pelo tom etéreo e pela técnica impecável da jovem pianista, Brod escreveu uma crítica calorosa sobre sua apresentação. Seria a primeira de muitas. Relembrando aqueles dias, Alice conta que, quando tocava em Praga, sempre dava uma olhadinha de lado para ver se Max estava em sua poltrona habitual. Só depois de certificar-se de que ele estava na sala ela podia começar. Quando indagada sobre o medo de palco, Alice não tem o que dizer, pois nunca passou por isso. "O medo de palco vem, sobretudo, de dar mais importância ao que os outros pensam do que à música em si", ela diz. "O único medo que posso ter sentido era de minha própria crítica interior. Mas assim que eu começava a tocar, até essa ansiedade desaparecia."

Depois de seu êxito inicial, ela se inscreveu em seminários com o famoso pianista Eduard Steuermann, de Viena, que anunciou sua ida a Praga para dar aulas aos alunos mais talentosos do local. Era necessário pagar adiantado pelas doze aulas *master* de Steuermann, mas Alice ficou muito desapontada com a atitude fria e indiferente que ele demonstrou perante os alunos. Ela achou que não aprendeu nada de musical com ele, e que havia desperdiçado dinheiro e tempo. Mais tarde ela também sairia desapontada da aula de uma hora com o famoso Artur Schnabel, que havia lhe custado um mês inteiro de salário. Com o tempo, Alice aprendeu a confiar em seu próprio julgamento e, no processo, aprendeu a ensinar os outros. Para Alice, uma carreira de apresentações e tudo que ela trazia eram secundários a uma vida como artista dedicada em busca da excelência.

Quase um ano depois da invasão de Praga pelos nazistas, no domingo de 3 de março de 1940, Alice participou de um concerto secreto com os novos trabalhos do compositor judeu Viktor Ullmann, na casa de Konrad Wallerstein. Ela lembra com carinho:

"A casa deles era tão *gemütlich* [acolhedora e cálida]. E eles tinham um belo Steinway." A sala de estar estava mobiliada com peças Biedermeier originais, herdadas dos pais da Sra. Wallerstein. Tapetes persas multicoloridos cobriam o assoalho. Mas o aparelho de café de prata permanecia vazio no aparador da sala de jantar, e faltavam também os tradicionais bolos tchecos de chá, cobertos com pedaços de frutas. O pequeno fogo na lareira era a única fonte de calor na sala. Todos, menos os artistas que se apresentavam, envergaram, por toda a tarde, seus casacos pesados e luvas.

Naquela tarde, Alice tocou a Segunda Sonata para Piano, de Ullman, uma peça extremamente moderna e difícil. Depois da apresentação, o compositor abraçou Alice, e Wallerstein deu-lhe uma rosa vermelha em agradecimento. Ninguém soube como ele conseguira tal tesouro. Três anos mais tarde, em Theresienstadt, o compositor dedicaria a Alice sua recém-escrita Quarta Sonata, mas a Segunda continuaria a ser a favorita dela, e a única que ela tocaria em público no futuro.

Todos os cidadãos tchecos extremamente cultos reunidos naquele concerto falavam alemão como sua língua de opção. Tinham sobrenomes alemães e haviam frequentado escolas alemãs. Ao se reunirem, tinham desafiado o embargo nazista aos judeus. Ainda esperançosos de que as coisas não iriam piorar, não sabiam então que todos naquela sala em breve seriam arrancados de seus lares e enviados para Theresienstadt, a caminho de Auschwitz e de outros campos no leste. Dentre os convidados daquele dia, Alice seria a única a sobreviver.

Interlúdio

Fogo

"Nasci uma otimista, enquanto minha irmã gêmea foi sempre pessimista. Muito interessante", conta Alice. "Mitzi era a favorita de minha mãe, por ser tão pequena e delicada. Ela estava sempre à espera de que acontecesse uma catástrofe."

Quando Alice era criança, seu pai contava-lhe com frequência uma história, de um incêndio em sua fábrica, que tinha um efeito profundo mas diferente em cada uma das gêmeas. Um mês ou dois antes de Alice e Mitzi nascerem, Friedrich Herz tinha consumido seu substancial almoço em casa e se recolhido para uma soneca – um hábito da maioria dos empresários na época – antes de retornar para sua escrivaninha na Fábrica Irmãos Herz, que manufaturava balanças de precisão. De repente ele foi despertado por gritos de "Fogo, fogo", que entravam pela janela aberta. O edifício da fábrica situava-se no mesmo terreno da residência da família Herz, e a menos de duzentos metros dela. Friedrich calçou os sapatos e saiu correndo para investigar. Vendo labaredas que se erguiam da fábrica, sem um momento de hesitação ele penetrou em seu interior para tentar controlar as chamas. Rapidamente ele encontrou um cano que vazava gás e o desconectou. Quando emergiu do prédio, parecia estar todo queimado. Rosto, mãos e roupas estavam tão enegrecidos que quase não era possível reconhecê-lo. Quando se sentou em um banco para felicitar os trabalhadores, percebeu que sofria grandes dores. Alguém colocou uma garrafa de uísque em suas mãos, e outras pessoas foram chamar um médico. Uma vez na vida Friedrich Herz bebeu livremente, na tentativa de amainar a dor.

Às vezes, ao contar essa história, Friedrich fazia as crianças rirem, ao descrever como tentou correr com as calças caindo. Ao deitar-se após a refeição, ele tirara o paletó e baixara dos ombros os suspensórios. Na afobação havia esquecido de puxar os suspensórios para cima de novo. Mas ele jamais introduziu qualquer nota de medo na história, pois Friedrich Herz era, por instinto, um homem sem medo.

Alice conta que, enquanto ouvia a história do pai, Mitzi, uma criança ansiosa, imaginava que ele poderia ter sido queimado vivo. Alice, em compensação, sentia orgulho por ele ter resolvido um problema e emergido como um herói.

Ela acredita que o exemplo do pai, numa situação tão extrema e de risco de vida, ajudou a sedimentar seu otimismo na infância, e influenciou a equanimidade com que ela encararia as tomadas de decisão no futuro.

Capítulo 5

Começando de novo

Quando o exército soviético libertou Theresienstadt, eles simplesmente disseram aos prisioneiros: "Vocês estão livres, podem ir para casa." Não deram alimento, assistência médica ou transporte, porque não tinham nada para dar, e tinham recebido ordens de juntarem-se às forças de libertação em Praga. Por sorte a Cruz Vermelha interveio para cuidar daqueles que haviam sobrevivido. Depois de alguns dias, oficiais da Agência Judaica também apareceram. Alice soube que poderia passar parte do verão recuperando-se em uma fazenda mais próxima a Praga. Rafi poderia comemorar em liberdade seu oitavo aniversário, em junho, brincar ao sol, comer comida fresca e saudável e juntos poderiam recuperar suas forças. Isto parecia mais sensato do que apressar-se para voltar à cidade, onde a situação era desconhecida.

No final de julho de 1945, Alice e Rafi finalmente retornaram a Praga. Mas os judeus que voltavam não eram bem-vindos ali, e defrontavam-se com um antissemitismo perverso; descobriram que os tchecos étnicos recusavam-se a desocupar os apartamentos que haviam invadido, reivindicando agora sua propriedade. Antigos vizinhos tchecos que gentilmente tinham se oferecido para manter a salvo joias e móveis valiosos ficavam desagradavelmente surpresos quando os judeus apareciam em sua porta para pedi-los de volta. Na maioria das vezes, respondiam fechando a porta com raiva. O governo era de pouca ajuda.

Como não judia, Mary, esposa de Paul, tivera permissão para continuar vivendo no pequeno apartamento deles, durante o breve período que ele passou preso em Theresienstadt, no início de 1945. Paul e sua esposa ofereceram-se para dividir seus dois cômodos com Alice e Rafi, mas essa era apenas uma solução temporária. Alice tinha que conseguir comida e um lugar para morar em sua cidade natal, onde pouco mais de dois anos antes ela tivera um apartamento, trabalho e economias. Mas os nazistas haviam obliterado qualquer traço de Alice Herz-Sommer e haviam confiscado todo seu saldo bancário. Outra família tcheca estava morando em seu antigo apartamento, e recusou-se a sair de lá. Todos os sinais de sua mobília, suas pinturas e porcelanas antigas haviam desaparecido. Embora procurasse por algumas das pessoas que tinham prometido guardar seus pertences, não encontrou ninguém. Para provar que era uma cidadã nascida na Tchecoslováquia, ela teria de preencher formulários infindáveis, apenas para descobrir que precisava completar ainda mais formulários, num processo verdadeiramente kafkiano. Em Theresienstadt, ela instruíra Rafi a falar apenas em tcheco, para que os nazistas não entendessem o que ele dizia. Agora que estavam em casa, ela teve de dizer a seu filho, uma vez mais, para nunca falar alemão, pois isso poderia trazer um risco de vida; todas as escolas alemãs do pré-guerra tinham sido fechadas. Talvez as palavras "você não pode mais voltar para casa"[1] nunca tivessem soado tão verdadeiras.

Alice começou a encontrar alunos de piano, e corria de casa em casa para lecionar, pois não tinha um piano próprio. Alguns meses depois, com a ajuda da Cruz Vermelha e do que restara da comunidade judaica, ela conseguiu um pequeno apartamento, e a Organização da Comunidade Judaica deu-lhe a oportunidade de escolher um piano em um enorme armazém com instrumentos confiscados pelos nazistas. Infelizmente, ela não conseguiu localizar seu belo piano de cauda. Depois que o piano escolhido foi entregue em seu novo endereço, ela passou a mão nele com suavidade, imaginando o que teria acontecido a seu proprietário. Agora que tinha um piano, Alice podia aumentar as horas de aula e praticar para o dia em que talvez voltasse a tocar publicamente. A oportunidade surgiu quando lhe foi oferecido um concerto para a rádio tcheca que seria transmitido internacionalmente. Alice não apenas esperava restabelecer sua carreira, como também imaginou que o concerto seria uma forma de informar seus amigos de que ela havia sobrevivido à guerra. Alice tocou a sonata *Appassionata* de Beethoven para sinalizar seu retorno.

Como se sua traição à Tchecoslováquia em Munique não tivesse causado dano suficiente, os Aliados continuaram a impor estratégias no pós-guerra. Quando Truman, Stálin e Churchill se reuniram em Yalta em 1945, dividiram a Europa em zonas de guerra a serem liberadas pelas tropas britânicas, estadunidenses ou soviéticas. Essas mesmas forças de libertação, então, controlariam suas zonas e supervisionariam o estabelecimento de um governo civil depois da guerra. Essa decisão foi trágica para os países que logo cairiam sob o domínio soviético. A Tchecoslováquia foi traída uma segunda vez quando Churchill e Truman concordaram em permitir que o Exército Vermelho de Stálin libertasse Praga, assim selando o futuro comunista daquele país sob o controle soviético. O general Patton entrou na Tchecoslováquia, perto de Marienbad, antes do Exército Vermelho, mas foi forçado a abortar seu avanço. Ele e suas tropas receberam ordens de estacionar em Pilsen até que os soviéticos pudessem libertar Praga quase uma semana depois.

Em um dos períodos mais negros da história tcheca, os assim chamados "Guardas Revolucionários" multiplicaram-se. Operando fora das leis tchecas, eles buscavam eliminar da nação a presença alemã. Muitos desses guardas haviam sido colaboradores nazistas, oportunistas brutais que vestiam a casaca revolucionária apenas para esconder seu passado. Eles caçavam sem piedade qualquer um de origem ou afinidades culturais alemãs. Até a música de compositores alemães, incluindo Bach, Beethoven e Brahms, era malvista.

A Tchecoslováquia do pré-guerra havia sido uma mistura tolerante de tchecos, alemães, judeus e poloneses. Os ciganos, porém, sofriam discriminação racial. Ainda assim, qualquer um nascido dentro de suas fronteiras tinha assegurada a cidadania. Depois que as tropas soviéticas libertaram Praga, em maio de 1945, o presidente Edvard Beneš retornou à Tchecoslováquia e promulgou decretos que resultaram na expulsão de mais de dois milhões e meio de alemães dos Sudetos e mais de meio milhão de pessoas de etnia húngara, e o massacre de milhares de civis. Valas comuns com as vítimas ainda estão sendo descobertas. O nacionalismo prevaleceu sobre a razão depois que Beneš declarou que a era dos direitos das minorias estava terminada. Beneš e outros falaram abertamente sobre a Tchecoslováquia tornar-se um estado tcheco homogêneo, livre de todas as minorias, provocando quase três anos de impiedosa limpeza étnica. Ele pareceu ter esquecido os princípios do amado primeiro presidente da Tchecoslováquia, Tomáš Garrigue Masaryk, que garantiam a proteção dos direitos civis para todos os cidadãos.

Incitados pelo presidente Beneš e pela memória ainda viva da brutal ocupação nazista, os tchecos voltaram-se contra seus próprios cidadãos num frenesi bárbaro. A pior fase do reinado de terror no país estendeu-se de maio de 1945 até o início de 1947. Dezenas de milhares de cidadãos tchecos de etnia alemã foram retirados à força de seus lares e removidos, em marcha forçada ou carregados em vagões de gado, para a fronteira com a Alemanha ou com a Áustria, onde não tinham alimento ou abrigo. Muitos morreram no caminho. Estupro generalizado de milhares de mulheres, torturas horrendas e assassinatos passaram a ser aspectos comuns da vida diária. Um padeiro e sua esposa foram mortos a tiros em sua loja porque não deram pão de graça para um Guarda Revolucionário que os acusou de serem alemães. Um jornalista relatou ter visto uma multidão observando dois jovens, ainda vivos, pendurados de cabeça para baixo em árvores. Russos e tchecos carregaram galões de gasolina de um tanque próximo e, juntos, jogaram o combustível nas vítimas e atearam-lhes fogo. O jornalista viu quando gente da multidão acendeu seus cigarros nas tochas humanas.

Alice ficou horrorizada com a crueldade que os tchecos desencadearam com seu frenesi de limpeza étnica. "Antes da guerra, nós – tchecos, alemães, judeus – éramos amigos e vizinhos. A maioria de nós era bilíngue. Tínhamos dois idiomas maternos, tcheco e alemão. Líamos os jornais tchecos e alemães. Kafka, Rilke e muitos outros grandes autores tchecos escreveram seus livros em alemão, enquanto alguns, como Karel Čapek,* escreveram em tcheco. Antes da guerra vivíamos todos juntos como tchecoslovacos."

O presidente Beneš havia lançado os patriotas em ação com uma palavra, *Lídice*. Em 1942, os nazistas tinham destruído a vila de Lídice, a cerca de uma hora de carro de Praga, em retaliação ao assassinato do *Reichsprotektor*, o general da SS Reinhard Heydrich,** o mais alto oficial nazista em Praga. Sob as ordens de Karl Hermann Frank, todos os 192 homens maiores de 16 anos foram assassinados pelos pelotões de fuzilamento nazistas, quando voltavam do trabalho para casa, em 10 de junho. As mulheres e crianças foram despachadas para campos de concentração, onde a maioria morreu. Os residentes de Lídice eram todos católicos. A vila foi completamente incendiada. O cemitério foi escavado e seus restos destruí-

---

* Karel Čapek (1890-1938), escritor de obras satíricas como *A Guerra das Salamandras*, conhecido por inventar o termo "robô" em sua peça de teatro de 1920 *R.U.R.* Foi considerado "inimigo público número 2" pela Gestapo, mas não chegou a ser preso, morrendo antes de pneumonia. [N. dos T.]

** Reinhard Heydrich (1904-1942) recebeu a alcunha de *Protektor* (Protetor) ao assumir em 1941 a administração dos territórios da Boêmia e da Morávia, como ficou conhecida a Tchecoslováquia após a anexação nazista. Os horrores que perpetrou no cargo lhe valeram o codinome de "O carniceiro de Praga". [N. dos T.]

dos. Duas semanas mais tarde, uma segunda vila, Ležáky, foi igualmente destruída. Os nazistas miraram essas vilas por serem suspeitas de ocultar combatentes da resistência e suas famílias. Embora as atrocidades nos campos de concentração e em outros lugares fossem altamente secretas, os nazistas propagandearam com orgulho o massacre em Lídice, como um alerta aos Aliados.

Muitos historiadores acreditam que, sem a atitude autoritária do presidente Beneš quanto às minorias étnicas, a violência contra os cidadãos de sobrenome alemão não teria ocorrido. Relembrando a violência do pós-guerra, Alice acena com a cabeça. "*Ja, ja*, nós [tchecos] adorávamos o presidente Beneš, nós adorávamos Beneš. Como podia ele, o sucessor de Masaryk, ter feito um acordo com Stálin?"

No meio de caos e morte, a NKVD (polícia secreta soviética), que patrulhava Praga livremente depois da rendição nazista, prendeu Michal Mareš, um jornalista tcheco não judeu, no início de maio de 1945. Por ironia, o fato de Mareš ser um membro idealista do Partido Comunista Tcheco não impediu que os soviéticos o atirassem na prisão com acusações vagas e fictícias. Ele nunca soube porque foi detido.

Mantido na solitária, informaram-lhe que havia recebido uma sentença de morte e que seria executado. Poucos dias depois, um grupo de soldados o removeu de sua cela, fizeram-no caminhar até um pátio interno, amarraram-no a uma parede, vendaram-no e gritaram "*Ogoň!*" (fogo). O pelotão de fuzilamento recebera ordens de atirar para cima, e Mareš não ficou ferido. Depois de uma piada de baixo calão, descrita na autobiografia dele, os soldados o levaram de volta para a cela. A falsa execução, uma das formas especiais de tortura dos soviéticos, foi encenada duas vezes mais. Enquanto Mareš ainda estava na prisão, os Guardas Revolucionários assassinaram seu pai, idoso e indefeso, na cama, confundindo-o com um alemão. Mareš foi libertado, em Praga, no dia em que seu pai foi enterrado. O assassinato do pai abriu os olhos de Mareš para a verdade sobre o sistema soviético e para suas reais intenções.

* * *

Michal Mareš era apaixonado pela forma como Alice tocava e frequentara seus concertos antes da guerra. Haviam-se conhecido porque ele também era amigo de Kafka, Weltsch e Brod. Por acaso, Mareš sintonizou na transmissão pelo rádio depois que o concerto de Alice havia começado. Ouvindo o rádio naquela noite de sábado em setembro de 1945, Mareš, já fora da prisão, perguntou-se quem poderia ser o pianista que interpretava a sonata *Appassionata* com semelhante profundidade espiritual. Quando o apresentador identificou o artista como Alice Herz-Sommer, Mareš não coube em si de felicidade. Alice estava viva. Na manhã seguinte à transmissão, ele não perdeu tempo em visitar o Centro Comunitário Judaico para tentar descobrir onde ela estava morando. Parando apenas para comprar flores, ele correu ao apartamento dela.

Já fazia algum tempo que Alice sentia que seu marido não havia sobrevivido. Ela ainda o procurou, dia após dia, por muitas semanas depois de retornar a Praga. Quando, um dia no final do verão, a Agência Judaica confirmou sua intuição e ela viu o nome de Leopold na lista de falecidos, Alice não ficou chocada; ela já havia aceitado o destino dele. Quando Mareš apareceu, ela recebeu bem as atenções de um admirador brilhante. Mareš assumiu o papel de pai substituto de Rafi, agora com 8 anos de idade, e, de bom grado, fazia-lhe companhia por horas, enquanto Alice dava aulas ou praticava. Ele ajudava o menino com o dever de casa, levava-o ao cinema e deixava-o tomar quantos sabores de sorvete aguentasse.

Alice sentia-se atraída pelo idealismo de Mareš. Com sólida formação em ciências humanas e um conhecimento excepcional da música clássica europeia dos séculos XVIII e XIX, ele era um viajante experiente que não apenas percorrera a Europa mas também diversos países africanos. Quando era adolescente, ele protestou pelo assassinato do professor anarquista Francesco Ferrer, na Espanha, e por essa infração foi banido de todas as escolas no

Império Austro-Húngaro. Depois da Primeira Guerra Mundial, quando a liberal Tchecoslováquia declarou independência, Mareš desenvolveu fortes tendências comunistas e aparentemente tentou convencer Kafka e Brod dos benefícios do socialismo para os indivíduos. As agruras e tragédias causadas pela ocupação alemã de seu país sedimentaram sua crença na salvação pelo idealismo comunista – afinal de contas, o Exército Vermelho havia libertado Praga. Mareš foi um dos inúmeros tchecos que votaram nos comunistas para tornar majoritário o partido na eleição de 1946. E então as coisas mudaram.

Observando os horrendos incidentes de antissemitismo e de violência contra aqueles que tinham sobrenome alemão, Mareš indignou-se com a cegueira do governo de tempos de paz quanto à devastação e ao ódio. Ele começou a escrever para um jornal semanal, *Dnešek* (Hoje) – Alice enfatiza "com coragem extraordinária" – sobre as atrocidades tchecas contra os sobreviventes judeus e os alemães étnicos.

No artigo "The Tragedy of the Czech Kolchoz (Cooperative Farm)" [A tragédia das Kolchoz (Fazendas Cooperativas) tchecas], de 11 de julho de 1946, Mareš descreve a destruição das vilas e o dano às fazendas, depois que os alemães étnicos foram forçados a partir. "Um grupo de Guardas Revolucionários e outras gangues[2] dos arredores de Praga apareceram na região de Úštěk e atacaram os moradores da vila com armas. [...] Nenhum dos fazendeiros, aterrorizados, teve tempo de pensar em qualquer resistência. Duas horas depois tudo estava acabado. Bandidos haviam tomado um paraíso que incluía 120 hectares de terra muito fértil, campos de lúpulo, uma plantação de trigo, e mais de quatro mil árvores carregadas de todo tipo de fruto. E hoje, onde está tudo isso e em que condição?"

Ao ser julgado em 1946 por difamação à polícia, Mareš falou em defesa própria: "Se de fato existe liberdade,[3] não posso ser sentenciado. Se nossa liberdade é apenas parcial ou fictícia, não me importa qual a sentença. [...] Calar-se sobre o que está acontecendo, significaria perder a honra. Posso ser silenciado por força, mas essa é a única forma de emudecer-me." Inocentado em seu primeiro julgamento, Mareš manteve sua promessa e continuou a denunciar o tratamento dado pelo governo a tchecos de ascendência alemã e todos aqueles acusados de afinidades culturais alemãs. Alice admirava suas denúncias de injustiças e o poder de sua escrita para chamar a atenção.

Ela e Michal Mareš começaram a planejar uma nova vida juntos em Praga. Rafi se afeiçoara a ele, e por algum tempo pareceu que ele se tornaria parte da pequena família. Sua generosidade para com Alice era admirável. Ele lhe trazia comida e flores, e um dia chegou com sua posse mais valiosa – um pequeno retrato a óleo da cabeça de uma mulher parisiense, pintado por Henri Toulouse-Lautrec. Alice não diz se foi um presente de noivado ou não, mas era bem sabido entre os amigos deles que ela e Mareš formavam um casal. Alice era encorajada a construir uma nova vida, com alguém que a amasse, por sua amiga Edith Steiner-Kraus, cujo marido tampouco havia sobrevivido a Auschwitz. Edith havia se casado de novo, e ela e seu novo marido tinham planos de imigrar para a Palestina, pois Edith acreditava que teria mais oportunidades de carreira no novo país.

Embora os tchecos tivessem participado das discussões iniciais do Plano Marshall,* Stálin vetou sua participação na Aliança Ocidental. No início de 1948, o expurgo de não comunistas do ministério do Interior e das forças policiais intensificou-se; os doze membros não comunistas restantes do governo Beneš demitiram-se. Num esforço para evitar a guerra civil e um maior envolvimento soviético, Beneš por fim aceitou suas demissões e sua substituição por

---

* Programa estadunidense de ajuda econômica à Europa no pós-guerra, destinado a impedir a expansão do comunismo soviético. [N. dos T.]

membros do Partido Comunista. Ele também pediu demissão, em 7 de junho de 1948.

Michal Mareš estava cada vez mais incomodado com a ameaça da União Soviética e seus aliados nas forças de polícia da Tchecoslováquia. Ele continuava escrevendo sobre os assassinatos de alemães e o saqueio de suas propriedades, e sobre o envolvimento de oficiais, policiais e ditadores locais tchecos. Ele foi o primeiro a usar o termo "métodos da Gestapo" para descrever a violência cometida pelos tchecos contra os alemães na região dos Sudetos, em Praga e em vários campos onde os alemães eram feitos prisioneiros à espera de transferência para a Alemanha. A imprensa comunista atacava Mareš com violência, e ele foi expulso do partido em 1947. Pouco depois da tomada comunista, em fevereiro de 1948, ele foi preso novamente, e dessa vez sentenciado a sete anos de prisão, com base em falsas acusações de traição. Ainda acreditando na democracia tcheca, Alice pensou que ele logo seria libertado, e que poderiam retomar a vida que tinham planejado.

A situação parecia bem diferente quando vista de fora. Lendo as notícias de jornal, as irmãs de Alice na Palestina ficaram alarmadas. Depois que o Estado de Israel foi proclamado, em 14 de maio de 1948, elas passaram a pressioná-la ainda mais para que emigrasse. Como Alice ainda se aferrava à esperança de viver em sua terra natal, Mitzi e o filho, Chaim, viajaram para Praga, não para uma visita, mas para convencê-la a partir tão depressa quanto os documentos pudessem ser obtidos. Mas ao chegar, Mitzi encontrou Alice ainda otimista quanto ao futuro em Praga e, sobretudo, quanto ao sonho romântico de uma nova vida com Mareš.

Chaim recorda-se de entreouvir sua mãe e Alice falando sobre Mareš.

– Você é ingênua, cega! – insistia Mitzi. – Não há futuro para você aqui.

– Mareš quer adotar meu filho. Queremos passar a vida juntos – disse Alice à irmã.

– Ótimo – respondeu Mitzi. – Ele pode ir encontrar você em Israel depois de sair da prisão.

Mitzi argumentava que seria muito melhor para Rafi crescer entre parentes, e que Alice teria uma vida segura, lecionando na academia de música. No fim, a força do argumento de sua irmã gêmea convenceu Alice.

Ela tinha pouco tempo para preparar a partida. A sorte manifestou-se quando ela conheceu um jovem piloto tcheco que levaria para Israel um avião lotado de armas de fabricação tcheca. Como os comunistas proibiam aos tchecos levarem para fora do país qualquer coisa além das roupas, Alice precisava de um modo criativo de enviar para Jerusalém o quadro de Toulouse-Lautrec, a coleção de selos de Rafi e seu piano. O piloto, que também era músico, ofereceu-se para ajudar. Os comunistas haviam aprovado a carga de armas compradas por Israel, e seu voo não seria revistado. Durante a viagem, dois dos quatro motores perderam força, o avião ficou sem combustível e não conseguiu fazer contato com a torre de controle israelense. Ele fez um pouso de emergência na água. A tripulação sobreviveu ilesa, mas o piano e o quadro sofreram grandes danos por conta da água e do sal.

Depois de muitos anos debilitantes, Mareš finalmente foi libertado da prisão, por conta da saúde ruim. Embora os comunistas lhe tivessem permitido escrever cartas semanais para sua mãe, não se preocuparam em informar-lhe que ela havia morrido três anos antes. Nem ele nem Alice sabiam, à época da emigração dela, que as viagens para cidadãos tchecos viriam a ser limitadas aos outros países do bloco soviético. Para Mareš, não haveria a possibilidade de escapar para o oeste ou para Israel. Se Alice tivesse permanecido em Praga para ficar com ele, Rafi teria crescido sem o pai adotivo, e terminado o ensino médio antes que Mareš fosse libertado da prisão. Alice teria passado sozinha aqueles anos, e sua relação sofreria uma mudança inevitável com a separação. E logo ela teria ficado viúva pela segunda vez.

Mareš passou seus anos finais vertendo pensamentos e decepções em uma autobiografia inacabada, que foi publicada postumamente. Ele confirmou seus planos[4] de adotar Rafi, e portanto seu amor por Alice. Ela nunca teve oportunidade de explicar ou de dizer adeus a Mareš. De acordo com as leis, as visitas à prisão eram permitidas apenas aos parentes imediatos. E naqueles anos, a comunicação entre Alice, em Israel, e Mareš, em um país por trás da Cortina de Ferro, era impossível. Na pobreza e mal de saúde, ele morreu em 1971. Em 1991, vinte anos após sua morte, ele foi totalmente eximido de culpa pelo governo democrático de Václav Havel.

Alice ainda hoje pensa nele. Durante uma entrevista em dezembro de 2010, ela não falou do marido; em vez disso, sorriu e falou da admiração pelo heroico Michal Mareš. "Ele era um bravo homem. Bravo!", ela repetiu. "Eu não tinha escolha. Ao menos pelo bem de Rafi, naquele momento eu tive que aproveitar a chance de construir nosso futuro em Israel. Não podíamos esperar para ver o que iria acontecer. Tivemos que deixar a Tchecoslováquia depressa. A coragem que ganhei com tudo o que havia acontecido ajudou-me a tomar a decisão de fugir."

E como é muito comum com Alice, uma lembrança leva a outra; ela fecha os olhos, imersa em pensamentos, e fala de Michal Mareš. "Ele era uma espécie de gênio da coragem. Ele escrevia a verdade. Outros estavam assustados demais. O medo nos faz desistir. A coragem nos dá uma chance." Depois de uma longa pausa, ela acrescenta: "Eu não estaria aqui hoje. Coragem!"

Capítulo 6

A colher de estanho

Alice tem apenas boas lembranças de seu marido, que morreu faz tanto tempo. "Ele era um homem culto. De caráter excepcionalmente refinado. Eu o respeitava. Aprendi com ele. Ele me respeitava... o que eu era e o que a música significava para mim. Respeito mútuo é a base de um casamento feliz."

Alice era uma romântica nata, como sua mãe. Mas Sofie Herz, desistindo do homem que amava, havia cedido a seus pais, que tinham contratado um agente matrimonial para achar o marido "certo" para a filha. Aquele marido, o pai de Alice, era vinte anos mais velho que sua futura noiva, e vinha de um vilarejo no campo. Friedrich Herz demonstrou ser um bom marido e pai, embora Sofie nunca tivesse se apaixonado por ele; ela sempre sentiu não ter se casado com alguém à sua altura intelectualmente, pois o marido não conhecia literatura, arte e música.

Alice estava determinada a tomar suas próprias decisões. Talvez tivesse aprendido com a infelicidade da mãe, pois Sofie comunicara claramente aos filhos seu desprazer com o marido. Ao crescer, Alice viu como a mãe falava pouco com o marido, pois, como Sofie sempre fez questão de demonstrar, a conversa dele não valia a pena. Foi somente no funeral de Friedrich que Alice soube como o pai era querido por seu espírito generoso e prestativo.

No Conservatório de Praga, onde Alice estudava piano, um estudante húngaro, alto e audacioso, Jeno Kacliz, tinha uma atração obsessiva por Alice e pela forma apaixonada como ela tocava. Dez anos mais velho e muito mais experiente, ele tentou todos os seus truques sedutores bem ensaiados, sem o sucesso esperado. "Música é amor, e amor é música",[1] Jeno repetia, sem cessar. Ele e Alice estavam trabalhando na mesma peça de Schumann, *Fantasia em Dó Maior*, com o mesmo professor. Eles entravam nas mesmas competições, que Alice em geral vencia com facilidade. Mas nada impedia Jeno de persegui-la. Alice por fim o dissuadiu, usando a diferença de idade como desculpa. Durante o último ano juntos, no conservatório, ela conseguiu mantê-lo como amigo e colega. Às vezes tocavam duetos. Ela nunca mais teve notícias de Jeno depois que ele retornou para a Hungria.

Mais ou menos na mesma época, Alice se apaixonou pelo irmão de sua amiga Trude Kraus. Ao contrário de Jeno, Rudolf Kraus não era alto ou bem apessoado; era quinze anos mais velho que Alice, e era dentista. Ela sentia-se atraída por sua aura de sofisticação, o modo como ele segurava o cigarro e abria uma garrafa de vinho, e até mesmo a forma como fazia uma simples pergunta. Embora não soubesse quase nada de música clássica, Rudolf fora cativado, ou assim dizia, por um recital que ela dera na casa da família dele. Alice achava que Rudolf a entendia, e quando ele a levava para dançar, várias noites por semana, ela se sentia segura em seus braços. Ela achava seus defeitos e falhas adoráveis. Pela primeira vez na vida, Alice estava loucamente apaixonada.

Depois de vários meses, eles planejaram esquiar com vários amigos em um hotel nas montanhas. Alice e Rudolf haviam ocupado quartos separados, mas cada um tinha uma expectativa diferente para o feriado. Rudolf supôs que o quarto de Alice era apenas para manter as aparências; como ela tinha concordado em passar o feriado com ele, ele concluíra que haveria intimidade.

Alice resistiu a seus avanços. Ela estava apenas começando a conhecê-lo, e não houvera menção a casamento. E ela tinha outras dúvidas desde o momento que saíram de Praga. Rudolf parecia tão diferente com seus amigos. Talvez ela não o conhecesse de verdade, ou a diferença de idade fosse mesmo grande demais. Será que ele realmente amava música, ou era um interesse superficial? Talvez, como muitos tchecos, ele tivesse mais de uma namorada. Ele era, afinal de contas, um homem mais velho, bem-sucedido e acostumado a ter o que queria. Por instinto, Alice percebeu que, se ele a valorizava, teria paciência em vez de ficar bravo. Ao voltarem para a estação de trem, a charrete puxada a cavalo virou; Alice escapou sem ferimentos, mas Rudolf quebrou a mão.

Depois do seu retorno a Praga, as visitas que ele lhe fazia ficaram menos frequentes. Alice perguntou-se se ele a teria culpado pelo acidente, mas terminou compreendendo que ele a rejeitara por causa da recusa sexual. Através da então rede de fofocas de Praga, Alice se inteirou de que Rudolf estava vendo outra mulher; ela soube que estava sendo dispensada. Mas quando descobriu, pela irmã dele, que ele estava noivo, ficou perturbada. Saber que ele era o homem errado para ela dava-lhe pouco consolo. Ela disse para si mesma que Rudolf era muito diferente do Rudy imaginário que conquistara seu coração. Ainda assim, por algum tempo ela não suportava pensar na vida sem ele.

Então, como aconteceria por toda a sua vida, o otimismo se instalou e Alice começou a praticar piano sem olhar para trás. *Se* foi uma palavra que ela baniu de seu vocabulário. Ela transformou a decepção em generosidade e mandou aos recém-casados um pequeno vaso antigo de vidro tcheco, com votos de felicidade. Mas a lembrança de seus sentimentos por Rudolf nunca sumiram por completo. Aparentemente, a rejeição feriu fundo sua autoimagem. Aos 108 anos, Alice ainda descreve sua irmã Mitzi como uma grande beldade; "Eu não era nada bonita", diz. Mas nas fotografias, é quase impossível distinguir as irmãs.

Alice talvez nunca tivesse encontrado seu futuro marido se não fosse por outra perda trágica. Na adolescência, ela era inseparável de Trude Kraus e outra amiga, Daisy Klemperer. Com apenas 20 anos de idade, Daisy morreu de repente de uma infecção, que mais tarde poderia ter sido facilmente curada com antibióticos. Foi um dos poucos momentos da vida em que Alice parou de tocar piano, preocupando seus pais e amigos.

Vários dias depois do enterro de Daisy, Trude mencionou a Alice que um bom amigo que vivia em Hamburgo, Leopold Sommer, havia lhe mandado uma carta reconfortante sobre a tragédia. "Escute isto", disse Trude, enquanto abria a carta para ler algumas linhas a Alice.

Leopold escreveu que a morte da jovem era trágica para aqueles que a amavam, mas não era tão terrível para Daisy.[2] Ele pedia a Trude e seus amigos que percebessem a morte como um alerta para avaliar a própria vida e decidir o que de fato seria importante. Advertindo que a medida do valor de uma pessoa não pode ser feita em termos de dinheiro, sucesso público ou outros padrões superficiais, Leopold salientava a necessidade de tentar viver uma vida cheia de propósito, a cada dia.

Com essas palavras em mente, Alice começou a praticar. Depois, ela pediu a Trude que a apresentasse a Leopold.

Um hábil violinista amador, Leopold Sommer havia crescido em Praga, onde seus pais, muito cultos, viviam na *villa* da família. O filho deles decidira estudar administração, pois sentia não ser um violinista bom o suficiente para competir no mundo dos músicos profissionais. Falando um inglês quase impecável, assumiu seu primeiro emprego em Hamburgo, na sede de uma empresa britânica de importação e exportação.

Várias vezes por ano ele retornava a Praga para visitar a família. Em uma dessas visitas, Trude organizou um concerto em sua casa, com convidados suficientes para que a apresentação dele a Alice não fosse desconfortável. O quarteto de cordas de Leopold se apresentaria na primeira metade e Alice tocaria depois do intervalo.

Leopold e Alice conversaram muito durante o chá ao final do concerto, e Leopoldo convidou-a para sair no dia seguinte. Alice estava intrigada com aquele jovem tão erudito e sábio, cuja beleza tranquila lhe parecia muito atraente. As visitas dele a Praga se tornaram mais frequentes. Certo de que seus pais a aprovariam, Leopold não perdeu tempo em conseguir que Alice tocasse um concerto na casa da família. Desde o princípio os Sommer a receberam como uma filha.

Quando o pai de Alice morreu subitamente de um ataque cardíaco, Leopoldo veio de Hamburgo para ampará-la durante o funeral e o enterro. Era como se estivessem destinados um ao outro. Leopold começou a procurar um novo emprego em Praga. Em uma dessas visitas, após um jantar romântico e um concerto glorioso, eles percorreram a íngreme ladeira até o Castelo de Praga. De braços dados, contemplaram sua cidade iluminada. De repente, Alice informou que queria que ele soubesse que ambos se casariam ainda naquele ano. Obviamente isso também se passava pela cabeça de Leopold; ele não ficou espantado com aquele rompante, e só perguntou quando.

Alice Herz já era uma pianista de concertos de sucesso quando casou-se com Leopold Sommer, em 1931. "Ele era um homem bom", diz Alice, e suas reminiscências prosseguem. "Sempre tive medo dos homens tchecos. Sabe do que estou falando?" Ela se refere ao hábito dos homens casados de manterem amantes, despudoradamente. E acrescenta, "Na noite de núpcias disse-lhe que eu sabia que não era bonita, e que ele encontraria centenas de moças mais belas, e que eu nunca reclamaria. Mas", ela completa depois de uma pausa, "tive muita sorte com meu marido. Ele era do tipo fiel".

Eles não tiveram uma festa de casamento. Em vez disso, legalizaram sua união numa cerimônia civil na prefeitura de Praga, prática que era comum entre os judeus seculares da cidade. O irmão de Alice, Paul, foi o único convidado. Os demais membros da família dela, incluindo a mãe, ficaram em casa, preparando o pequeno jantar familiar de comemoração, que teria lugar depois da assinatura do contrato de casamento.

Alice vestia um conjunto de lã azul-clara com gola e detalhes brancos. O casaco era longo, como pedia a moda. Os sapatos de couro, de salto alto, eram cor de marfim, como as meias de seda; usava um chapéu combinando, em estilo *flapper*. Carregava um agasalho de pele para as mãos, calçadas em luvas brancas. O único símbolo tradicional de casamento era o buquê de noiva, de copos-de-leite e rosas brancas.

Ao voltar para casa, antes de sentarem-se para jantar, Alice e Leopold tocaram a Sonata de Primavera para violino e piano, de Beethoven, um símbolo adequado para sua união. Sofie havia esbanjado com um ganso assado com cominho, cogumelos silvestres, fino vinho francês e um bolo da padaria mais cara de Praga. Vestia-se com o veludo negro mais elegante de sua própria mãe, um vestido que chegava ao chão, tendo ao pescoço um broche antigo de granada que Friedrich lhe dera quando se casaram. Como viúva e chefe da casa, Sofie brindou aos noivos. Parecia feliz com a escolha de marido da filha, e presenteou o casal com o dinheiro que havia economizado, ao longo dos anos, para o dote de Alice. Os vários milhares de coroas tchecas seriam suficientes para mobiliar o apartamento dos recém-casados, situado no mesmo bairro de Irma, irmã de Alice, e da mãe. Os pais de Leopold honraram Alice com um novo piano de cauda Förster.

Em 1937, Alice e Leopold foram abençoados com o nascimento de seu filho, que batizaram de Štěpán, em homenagem ao amado professor dela. (Em Israel, ele adotaria o nome hebraico Raphaël.) Alice praticava em seu piano novo e dava aulas para alunos jovens. Leopold ia para o escritório e participava de sessões de música de câmara, como amador. À noite, iam a concertos ou ao teatro. Nos fins de semana, exploravam os museus de arte de Praga ou passavam o tempo na companhia de amigos. O apartamento deles era acolhedor. Tinham um ao outro, uma cozinheira e uma babá. Mas o mundo como o conheciam em breve mudaria para sempre.

As tropas de Hitler ocuparam a Tchecoslováquia em 15 de março de 1939. A última carta conhecida que Leopold mandou de Praga para a Palestina, em 1941, atesta os esforços dos judeus tchecos em viver normalmente, sem reclamações. Ele conta a seu cunhado Felix Weltsch que, enquanto escrevia, Alice estava na sala ao lado praticando a Sonata nº 31 de Beethoven, preparando-se para um concerto. Boa parte da carta inclui histórias sobre Rafi, que completara 3 anos. "Estamos todos bem exceto Štěpán,[3] que tem um leve resfriado. Ele fala pelos cotovelos e sobe por todo lado. Já quebrou dois violinos. Não conseguimos mantê-lo longe do piano, que ele quer o tempo todo tocar."

Em 1943, quando Alice e Leopold foram deportados para Theresienstadt, onde foram forçados a viver separados, às vezes depois do trabalho Leopold encontrava um meio de visitar brevemente a esposa e o filho, e conversavam sussurrando. Às vezes ele conseguia um pedaço a mais de pão para Rafi. O garoto ficava radiante ao ver de relance o pai.

Alice viu o marido pela última vez em 28 de setembro de 1944, quando ele foi empurrado para dentro de um trem rumo a Auschwitz. "Putzi — esse era seu apelido", diz ela ao pensar no homem que amara durante breves onze anos de casamento. Ela toca a aliança simples de casamento, que sobreviveu aos nazistas; junta as mãos e as traz perto do peito. "Ele ainda era tão jovem."

Leopold sobreviveu a Auschwitz, mas quando os Aliados se aproximavam, ele foi um dos muitos enviados para Dachau. Lá ele morreu de fome e de frio em 28 de março de 1945, um mês e um dia antes da libertação de Dachau, em 29 de abril.

Alice havia sido treinada desde a infância a escutar com atenção quando praticava ou se apresentava. Sua habilidade em escutar as instruções de Leopold literalmente salvaram-lhe a vida. Durante os poucos momentos que ela e o marido passaram juntos antes que ele fosse mandado para Auschwitz, Leopold sussurrou: "Não importa o que a Gestapo ofereça, você não deve nunca, nunca apresentar-se como voluntária para nada. Nunca acredite em nada que eles dizem. Prometa-me isso." O que o consumia era a preocupação com a sobrevivência de Alice e de Rafi, mais que o medo por seu próprio destino. Apertando pela última vez a mão do marido, ela respondeu: "Sim, eu prometo."

Naquele dia, Alice teve de conter Rafi, de 6 anos, quando ele tentou correr atrás de Leopold. O menino disse a ela que queria viajar de trem com o pai. Algumas semanas depois, os nazistas ofereceram transporte para todas aquelas que desejassem juntar-se a seus maridos. Alice seguiu o conselho de Leopold, mas muitas mulheres e crianças ansiosas se amontoaram no próximo transporte. Nem os maridos nem as famílias jamais voltaram a ser vistos.

Depois da guerra, um homem que estivera com Leopold quando ele morreu foi visitar Alice. Ele viera trazer-lhe uma colherzinha de estanho que Leopoldo usara nos campos.

Hoje, ao remexer na caixa de sapatos em que guarda lembranças, ela recorda a colher de estanho e estuda uma fotografia de seu jovem marido. "Éramos bons amigos. Tínhamos uma proximidade maravilhosa, que só os anos constroem. Creio que Saint-Exupéry disse a coisa mais certa ao escrever 'O amor não consiste em olhar[4] um para o outro, mas sim em olhar juntos para a mesma direção'. Todos querem saber por que não me casei de novo depois da guerra", ela continua. "Quando teria sido possível, eu estava concentrada em ganhar a vida e criar meu filho."

"O respeito leva ao amor", diz. "No casamento, o respeito é ainda mais importante que o amor romântico."

Capítulo 7

Nunca se é velho demais

Uma vez que toma uma decisão, Alice raramente olha para trás. E assim foi no dia em que teve de deixar Israel para juntar-se a seu filho na Inglaterra, para um novo capítulo em sua saga. Uma vez que as duas irmãs de Alice haviam morrido, Rafi argumentou que ela estava livre para deixar sua segunda pátria. Seu apartamento em Jerusalém havia sido vendido. As malas estavam prontas.

A notícia de sua partida já vinha se espalhando entre amigos, colegas e alunos. Fazia dias que ela recebia um fluxo constante de visitas entristecidas em saber que ela se mudaria. "Meu último dia em Jerusalém pareceu uma *open house*", ela se lembra. "Ninguém havia sido convidado, mas meu apartamento vazio ficou cheio de amigos até tarde da noite. Trouxeram comida, fotos e presentes, pequenas coisas que as pessoas achavam que eu precisaria. Os israelenses são tão atenciosos, tão generosos." Ela reconfortou-lhes as lágrimas com seu sorriso. "Venham me visitar em Londres. Não é tão longe assim", ela lhes dizia. Alice estava triste sobretudo por deixar sua amiga mais próxima, a pianista Edith Steiner-Kraus. Elas haviam amparado uma à outra durante o cativeiro em Theresienstadt, e compartilhado as alegrias da nova vida na emergente nação israelense. Edith perguntou: "Será que a verei de novo?

Você se lembra da primeira vez que toquei a campainha de sua casa, em Praga, e perguntei se me escutaria tocar as danças de Smetana?" Alice respondeu: "Você era uma pianista magnífica. Fiquei tão impressionada. Você conseguia sentir por instinto os ritmos tchecos. Sempre seremos amigas." Naquela última noite prometeram telefonar-se toda semana.

O único filho de Mitzi, Chaim Adler – que foi receber Alice no porto quando ela chegou de navio a Israel, em 1949 – levou Alice ao aeroporto de Tel Aviv. Quando chegou a hora de embarcar, ela e o sobrinho se abraçaram. Naquele momento, meio século de lembranças fluiu, sem palavras, entre eles. Então Alice caminhou resoluta rumo ao portão de embarque.

Raphaël havia se estabelecido em definitivo em Londres com sua esposa, Sylvie Ott, e os dois filhos pequenos, David e Ariel, combinando sua carreira de concertista com a segurança de um emprego de professor em Manchester. O casamento terminou de forma amigável em 1978, e alguns anos depois ele se apaixonou por Geneviève Teulières, uma francesa que ele conhecera anos antes quando foram colegas de escola em Paris. Ao tornar-se professor de violoncelo na Guildhall School of Music, em Londres, ele deixou de lecionar em Manchester para passar mais tempo em casa.

Reconhecendo a idade avançada da mãe, Rafi e Geneviève encorajaram-na a abandonar a docência e mudar-se para Londres. Alice aprendera os rudimentos do inglês quando criança, e havia praticado sempre que possível, sobretudo nas visitas à Inglaterra, que foram ficando cada vez mais longas com o passar dos anos; aprimorar esse idioma não foi para ela o mesmo desafio que enfrentou para aprender hebraico. Alice amava a vibrante vida musical de Londres, as grandes árvores e a hera que revestia tudo, e a forma como "tudo está disponível". Mas apesar de gostar dos frescos verões ingleses, seu filho era o único motivo para tantas viagens.

Quando Rafi pediu à mãe que se mudasse em definitivo para Londres para estar perto dele, a princípio ela resistiu à ideia. Aposentadoria era um conceito desconhecido para Alice. Ela não podia imaginar uma vida sem trabalhar. "Por que devo parar de lecionar?" perguntou-se. Era perfeitamente saudável e sentia ser necessária a seus alunos israelenses. "Amo meus alunos e eles me amam", disse a seu filho. Parecia-lhe até mesmo ingratidão deixar o país que lhe dera a chance de reconstruir a vida. E era a nação que havia educado seu filho, a terra que ele servira dois anos como militar. Rafi estava isento do serviço nacional por ser um sobrevivente do Holocausto e filho único. Ele e Alice concordaram, porém, que ele deveria dar um retorno à nação que os acolhera quando eles não tinham pátria. Alice orgulhava-se por Rafi tocar violoncelo na orquestra do exército e saxofone na banda.

Alice deixaria para trás sobrinhos, sobrinhas e os filhos deles. Teria que encarar todos os detalhes infindáveis que fazem a vida funcionar, desde encontrar um novo médico e uma farmácia e tentar uma nova dieta, até aprender como se virar pela cidade e sobre todas as suas atividades culturais. Mas depois que tomou a decisão de emigrar, seu otimismo assumiu o controle e ela se pôs, com determinação, a fazer planos para a próxima fase de sua vida. O apartamento que ela adquirira em Londres, de um cômodo, não era grande o suficiente para acomodar seu precioso piano de cauda Steinway. Ela não tinha outra escolha senão vender o instrumento e doar a maior parte de sua mobília. À medida que a data da partida se aproximava, o processo se tornou mais automático e menos emocional. Afinal de contas, Alice nunca foi apegada a coisas materiais. No final, ela despachou o piano vertical, fotografias e outras pequenas recordações para sua nova casa, chegando à Inglaterra com pouco mais que a roupa do corpo, e instalando-se em um local que era menos da metade de seu confortável apartamento em Jerusalém.

Desde seus primeiros dias no bairro londrino de Hampstead, Alice estabeleceu uma rotina que a ajudaria a manter-se fisicamente forte. Ela começava com uma caminhada até a piscina onde se exercitaria por uma hora. Desde a infância ela foi uma nadadora vigorosa, e estava acostumada a andar por todos os lugares em Jerusalém, da mesma maneira como havia explorado Praga a pé. Ao voltar para casa, Alice praticava ao piano por pelo menos três horas, o que sempre mantinha elevado seu espírito. Durante os primeiros meses, enquanto se espalhava entre as comunidades de imigrantes tchecos e israelenses a notícia de que Alice estava morando em Londres, um punhado de alunos começou a aparecer à sua porta. Sem perda de tempo ela começou a ir a concertos e fazer novas e duradouras amizades. Alice estava ansiosa para restabelecer sua independência, apesar de ter se mudado para ficar perto do filho e dos netos.

Em 1986, não muito depois de mudar-se para a Inglaterra, aos 83 anos Alice foi diagnosticada com um câncer de mama. Rafi foi com a mãe à consulta médica, em que analisaram suas opções de tratamento. O médico, preocupado e não querendo alarmá-la, explicou com grandeza de detalhes que o câncer de mama em uma mulher idosa não tem as mesmas implicações que tem para uma mulher muito mais jovem.

– Podemos fazer uma cirurgia, isto é, podemos remover seu seio. Mas sua recuperação demorará algum tempo e, por conta de sua idade avançada, os riscos da anestesia e da cirurgia em si são mais significativos.

– Que acontecerá se eu não fizer a cirurgia? – perguntou Alice.

– Bem, em sua idade – respondeu o médico –, os tumores crescem mais devagar. Suas chances de viver o suficiente para enfrentar os efeitos mais severos do câncer são muito baixas.

Ante aquela resposta, Alice lançou a Rafi seu olhar mais ofendido, antes de responder:

– Neste caso, eu quero a cirurgia, quanto antes. Quando pode ser? Cânceres devem ser removidos.

– Doutor, fora isso minha mãe é saudável – interpôs-se Rafi. – Ela nada ao menos dois quilômetros por dia e tem uma dieta saudável. Não pense nela como uma velha.

Rindo, ela diz: "Já faz 25 anos, e ainda estou aqui. Meu filho estava certo."

O fato de Alice tocar piano, o bom humor constante e seu interesse por quase tudo, de literatura à vida dos elefantes e a filosofia, tocaram Valerie Reuben, uma ex-executiva editorial que vive no mesmo prédio de apartamentos que Alice. Cada vez mais intrigada com aquela pianista idosa, a Sra. Reuben sugeriu a Alice que frequentasse com ela as aulas na Universidade da Terceira Idade.

Fundada na Cambridge University por empreendedores sociais, a Universidade da Terceira Idade é uma instituição no senso antigo e original do termo universidade: um grupo que se reúne com o propósito estabelecido de estudar. Ali, o professor que mais inspira Alice é Ralph Blumenau, o autor de *Philosophy and Living*. De acordo com Blumenau, a universidade "não é de fato uma universidade no sentido normal,[1] por não ter exames e não conceder títulos, mas existe para pessoas aposentadas que querem manter mente ativa". O maior setor da universidade, próximo à casa de Alice, tem mais de 140 cursos e 15 mil membros. Os professores são todos voluntários e algumas disciplinas funcionam por si sós, com os alunos conduzindo as pesquisas e proferindo as palestras; mas nem por isso o curso é menos pesado do que os da universidade regular.

Alice aproveitou a oportunidade e de imediato inscreveu-se em duas disciplinas: uma de história moderna da Europa e a outra sobre as obras de Spinoza e Kant. Não demorou para que seus colegas e professores vissem que Alice era diferente dos demais alunos. Ela lia e relia os textos indicados e, com ousadia, fazia perguntas penetrantes, desafiando os professores em cada aula. Na discussão sobre o estudo de história, ela levantou a questão da precisão e da interpretação confiável. "Como saber se um historiador tem algum preconceito e apresenta os fatos de forma distorcida para provar suas premissas?", perguntou ela. E mais de uma vez ela se envolveu na discussão de qual disciplina deveria ser estudada primeiro, história ou filosofia. Alice descobriu, como aluna leiga, que compreendia a filosofia com mais clareza quando ela era apresentada dentro do contexto dos tempos históricos do filósofo ou de alguma experiência de vida decisiva.

O interesse de Alice por filosofia surgira quando seu cunhado Felix Weltsch apresentou-lhe o assunto, enquanto estudava para seu Ph.D. na Charles University. Mas foi só depois de começar o estudo formal de filosofia na Universidade da Terceira Idade que ela conseguiu aprofundar-se nas obras de Spinoza. O professor Blumenau a impressionara com seu livro extraordinário, que explicava o modo como os filósofos antigos influenciam nossa ética e atitudes quanto à vida e ao mundo à nossa volta.

Depois da morte prematura de Rafi, em 2001, Alice voltou-se para a busca de um significado em sua vida, com mais paixão que nunca. Como poderia explicar tudo o que havia visto? Como poderia continuar a viver com e além de sua maior tragédia? Lendo Spinoza, ela conseguiu alguma compreensão dos acontecimentos de sua própria vida. Embora o filósofo tivesse morrido mais de 200 anos antes de Alice nascer, os pensamentos dele pareciam-lhe aplicáveis à sua própria época, e ressoavam suas crenças. Uma existencialista por natureza, Alice sempre achou que ninguém é totalmente bom ou completamente mau, e que cabe ao indivíduo lidar com ambos os lados de sua natureza. Ela mesma tentava se concentrar no melhor que houvesse em cada situação que enfrentava. Spinoza argumentava que Deus e Natureza são sinônimos e que, assim como Deus e Natureza são infinitos, tanto o bem quanto o mal são parte do que chamamos existência. Ele acreditava que todas as coisas estavam conectadas com tudo o mais; que devemos amar a Deus, mas que Deus não necessariamente nos ama; e que uma vida dotada de razão e conhecimento é a virtude mais alta. Para Spinoza, a Existência é Deus.

Alice aceita a explicação de Spinoza para o conceito de Deus. Embora tivesse sido acusado de ser ateu, Spinoza tinha uma espiritualidade profunda, e amava o Deus infinito. Com base em sua filosofia, Spinoza se tornou o profeta dos valores democráticos, da separação da igreja e do Estado e da tolerância entre nações e povos. Os "Pais Fundadores" que redigiram a Constituição dos Estados Unidos no século XVIII foram profundamente influenciados pelas ideias modernas de Spinoza. E rompendo com as crenças luso-espanholas de sua juventude, ortodoxas e rígidas, Baruch Spinoza clamou por uma fé autêntica em vez de uma religião dogmática e ingênua.

Alice analisou meticulosamente os escritos de Arthur Schopenhauer e Friedrich Nietzsche em busca de seus pensamentos sobre a música. Ela nunca se cansa de citar os dois de memória. Alice faz recordar, àqueles que não encontram tempo para ir a um concerto ou pagar as aulas de música de seu filho, o que Nietzsche escreveu: "Sem a música, a vida seria um erro."[2] Embora Alice adore poesia, pintura e arquitetura, ela concorda com Schopenhauer que a música é a mais elevada das artes.

Alice continuou a frequentar as aulas na universidade três vezes por semana, até os 104 anos de idade. Ela acredita fortemente no aprendizado formal como um fator importante de longevidade, mantendo nossa mente, assim como o corpo, ativos e positivos. E embora hoje em dia Alice não mais saia de casa para as aulas, seu admirado professor Blumenau tornou-se tão ligado a ela que a visita ao menos uma vez por semestre para uma tarde de discussões filosóficas.

Interlúdio

Sopa de galinha

Cerca de 25 anos atrás, Alice estabeleceu hábitos alimentares disciplinados, que desde então não mudaram. Para conservar sua *commodity* mais preciosa e finita, tempo, e também por razões de saúde, ela decidiu fazer a mesma refeição todos os dias. Isso evitaria gastar valiosos momentos tentando decidir o que cozinhar ou comer. Ela poderia economizar tempo porque sua lista semanal de compras nunca iria variar. Depois de ter cozinhado para a semana toda, dez minutos para aquecer e comer seriam o limite. Mais do que isso, ela sentia, não valeria a pena gastar na refeição.

Alice não sente saudades dos pratos complicados, exagerados e cheios de creme de sua infância sob o Império Habsburgo. Ela os rejeita por completo, e opta por uma saudável simplicidade. Tendo decidido que a cafeína é ruim para si, Alice eliminou de sua dieta todo chá e café, bem como vinho ou qualquer forma de álcool. Ela começa sua dieta diária com uma fatia de torrada com um pedaço de queijo feta. Meia banana ou uma maçã e uma xícara de água quente completam sua primeira refeição do dia. Para o almoço e o jantar, ela toma uma tigela de sopa de galinha.

Ela beberica água durante todo o dia e ocasionalmente come uma fruta. Na maioria dos dias, porém, ela não come nada mais, a menos que uma visita traga chocolate, um bolo caseiro ou uma torta-merengue de limão, todos os quais ela aprecia demais. Embora Alice tenha adquirido hábitos disciplinados, ela nunca foi rígida. "Sou muito independente" tem sido um de seus mantras, e a dieta que montou para si podia ser preparada por ela, sem ajuda, até seu 105º ano. Devido à sua vista fraca e às vezes dificuldade para caminhar, Alice finalmente concordou em substituir seu almoço de sopa de galinha por comida entregue em casa.* Assim mesmo, aos 108 anos, ela ainda faz seu desjejum e o jantar de pão com queijo e o resto do almoço. Ela sente falta da sopa de galinha, sem dúvida, mas aprecia muito a refeição quente do meio do dia, que consiste em algum tipo de carne ou frango e duas porções pequenas de legumes, e que chega pontualmente às 13 horas, em um pequeno recipiente de plástico preto. Mais que tudo, ela gosta de dar as boas-vindas às faces sorridentes dos jovens entregadores, que a saúdam pelo nome. Vendo o entusiasmo com que ela abre o recipiente e se delicia com o conteúdo de aparência pouco apetitosa, sua amiga Anita a provoca:

– Você é a única pessoa no mundo que ama essa comida.

– Para mim ela é saborosa, estou com fome – retruca Alice, comendo com gosto. Mas a sopa caseira de galinha, trazida de presente vez ou outra por um vizinho ou amigo atencioso continua sendo o néctar dos deuses para Alice.

Até os 90 anos, Alice assava um delicioso bolo de maçã para suas visitas. A receita que ela aprendeu com a mãe foi passada pela avó, da Morávia. Os centro-europeus sempre apreciaram bolos densos, feitos com nozes e frutas, que podem ser comidos a qualquer hora do dia. Alice costumava servi-lo aos convidados na hora do chá.

---

* No original, *meals on wheels* (refeições sobre rodas), programa de entrega de comida, por voluntários, a idosos. [N. dos T.]

SOPA DE GALINHA

Ingredientes

2 cebolas grandes, picadas em pedaços grandes
2 dentes de alho grandes, picados
5 talos de aipo, cortados em pedaços de 8 cm
8 cenouras cortadas em rodelas
½ pimentão verde, picado
2 cherivias, picadas
1 tomate pequeno, picado
¼ de xícara de salsinha fresca
1 xícara de endro fresco
1 cubo de caldo de galinha
6 cravos
1 galinha de 1,5-2,0 kg, cortada pela metade
3 alhos-porós (só a parte branca)
3 chalotas, inteiras mas descascadas
1 colher de sopa de sal
½ colher de chá de pimenta-do-reino
raminhos de endro, para enfeitar

Adicione cebola, alho, aipo, cenoura, pimentão, cherivias, tomate, salsinha, endro, cubo de caldo de galinha e cravos a uma panela com 3 litros de água fria. Deixe ferver, tampe e cozinhe em fogo brando por meia hora. Acrescente a galinha, o sal e pimenta a gosto. Deixe ferver, tampe e cozinhe em fogo brando por meia hora. Adicione o alho-poró e a chalota, deixe ferver, tampe e cozinhe em fogo brando por 1 hora. Prove para ver se o sal e a pimenta estão a gosto. Quando a sopa estiver fria, remova a galinha e descarte pele e ossos. Volte a colocar a galinha, fatiada, na sopa. Remova a gordura (eu resfrio a sopa na geladeira para conseguir remover toda a gordura que flutua na superfície do caldo). Aqueça de novo, enfeite com o endro e sirva com pão quente (francês ou italiano). Serve 4 porções, como entrada.

BOLO DE MAÇÃ DE ALICE

Ingredientes

2 xícaras de farinha de trigo
2 colheres de chá de fermento químico
1 colher de chá de bicarbonato de sódio
¾ de colher de chá de pimenta-da-jamaica moída
2 colheres de chá de canela em pó
1 colher de chá de noz-moscada em pó
½ colher de chá de cravo moído
1 xícara de açúcar demerara
1 xícara de açúcar branco granulado
3 ovos grandes inteiros
1 colher de chá de extrato puro de baunilha
2 barras (450 g) de manteiga sem sal, derretidas
4 maçãs-verdes ou amarelas, descascadas, sem o centro fibroso e cortadas em pedaços
3 colheres de sopa de Calvados (opcional)
1 xícara de nozes em pedaços
¾ de xícara de uvas-passas
2 colheres de sopa de açúcar de confeiteiro

Preaqueça o forno a 180 °C. Unte bem com manteiga uma fôrma de bolo com buraco no meio e polvilhe com farinha, assegurando-se de que o fundo e os lados estão bem cobertos, para evitar que o bolo grude. Descarte o excesso de farinha.

Peneire junto a farinha, o fermento químico e o bicarbonato, a pimenta-da-jamaica, a canela, a noz-moscada e o cravo. Adicione à mistura os açúcares demerara e granulado. Acrescente ovos, baunilha e a manteiga derretida. Bata com batedeira elétrica por cerca de 4 minutos ou até que a massa esteja bem lisa.

Descasque e corte as maçãs em pedaços não muito pequenos e pique as nozes. Se quiser, adicione o Calvados às maçãs cortadas e agite bem. Descarte qualquer líquido que se acumule no fundo da tigela. Adicione as maçãs, nozes e uvas-passas à mistura. Despeje-a na fôrma e coloque-a no centro do forno preaquecido. Asse por 1 hora. Quando o bolo estiver pronto, vai encolher e desgrudar dos lados da fôrma. Remova da fôrma e coloque-o em um prato ou bandeja para esfriar. Antes de servir, peneire uma ou duas colheres de açúcar de confeiteiro por cima.

Capítulo 8

A música era nosso alimento

No terceiro dia de Alice em Theresienstadt, ordenaram-lhe que desse um recital na semana seguinte. "Mas preciso ensaiar", ela respondeu.

"Pode imaginar", diz Alice hoje, "disseram que eu teria permissão para ensaiar só uma hora por dia, antes de ir para o trabalho que haviam me designado?" O primeiro trabalho de Alice foi na lavanderia. No final, ordenaram-lhe partir lâminas de mica para a produção bélica – trabalho árduo e perigoso para as mãos de uma pianista.

Na manhã seguinte, Alice encontrou a sala onde o horário das nove às dez da manhã estava reservado para seu ensaio. Sem tempo a perder, ela começou a praticar os estudos de Chopin, e de imediato descobriu que o pedal do piano não funcionava e que várias teclas prendiam. Recusando-se a ser derrotada, depressa adaptou-se às limitações do piano, e passou a tocar com abandono, perdendo-se na música. "Pelo menos eu estava fazendo música, e isso sempre me fazia feliz", diz ela quando fala sobre as circunstâncias da época. Praticando com os olhos fechados, ela estava tão enlevada na melodia do estudo em Lá Bemol Maior que não ouviu a porta se abrindo e os passos que cruzaram a sala. Ao fazer uma pausa, uma voz familiar disse:

– Impressionante, Alice, e nesse piano velho e quebrado. – Era Hans Krása, um compositor bonito e *bon vivant* que Alice conhecera em Praga. Nos meses que se passaram desde a última vez que tinham se visto, ele havia envelhecido e emagrecido.

– Estou tão feliz por você ainda estar aqui. Está tudo bem? – Alice não conseguia esconder as lágrimas.

Desde a chegada a Theresienstadt, ela buscara diariamente pela mãe em todos os cantos, perguntando a todos se a tinham visto, mesmo sabendo qual era a horrível verdade. Krása, que considerava Alice uma grande pianista, conhecera a mãe dela. Não pôde dar-lhe nenhuma informação, mas respondeu, com humor tcheco:

– Bem, perdão por não poder convidá-la para meu castelo. Mas posso assistir a seu ensaio?

Em 10 de junho de 1940, a Gestapo assumiu o controle de Terezín, uma cidadezinha a uma hora de viagem de Praga, de imediato transformando em um gueto a cidade fortificada, de imensos muros de tijolos, e um forte adjacente em prisão para inimigos políticos. No final daquele ano, todos os residentes tchecos foram forçados a evacuar seus lares, e um carregamento de homens judeus jovens e fortes foi enviado para transformar os edifícios em um campo de concentração.

Identificado por seu nome em alemão, Theresienstadt, foi concebido por Hitler como um campo "modelo", e estabelecido oficialmente em 24 de novembro de 1941. Organizado de forma engenhosa por Reinhard Heydrich e Adolf Eichmann para desviar a atenção e ocultar a verdade sobre os assassinatos em massa dos judeus europeus pelos nazistas, foi propagandeado como uma estância-balneário, onde os judeus poderiam se instalar para sobreviver à guerra com conforto. Como parte do engodo, era o único campo no qual os judeus podiam pedir para entrar e para ter privilégios especiais, e pagar por sua viagem; podiam até, por um valor exorbitante, solicitar que o novo lar tivesse vista para um lago tranquilo ou uma bela montanha. Estes eram apenas estratagemas adicionais dos nazistas para confiscar o dinheiro, as joias e as propriedades das pessoas, antes de matá-las.

Ainda vivendo em Praga, Alice e Leopold começaram a ouvir boatos de mortes, doenças, falta de higiene e água contaminada no local. E depois das primeiras levas de carga humana despachadas de Theresienstadt para o leste, a verdade por trás dos boatos começou a emergir: em vez de apartamentos agradáveis, os cidadãos judeus tchecos – incluindo músicos, escritores, cientistas e professores – estavam sendo amontoados em locais sem privacidade, sanitários ou alimento. Theresienstadt era tanto um gueto como um campo de concentração.

A maioria dos prisioneiros lotava grandes alojamentos militares ou as pequenas casas unifamiliares construídas pelos antigos moradores da cidade. Alguns dos recém-chegados ficavam apinhados em grandes edifícios que no passado foram escritórios ou escolas. No início, um dos maiores problemas era a falta de banheiros. As pessoas esperavam em longas filas, e o papel higiênico era proibido para os judeus. Nem sequer crianças doentes ou idosos podiam ir para o início da fila.

Havia tantos músicos, artistas e escritores entre os judeus enviados para Theresienstadt pelo Conselho Judeu de Praga – sob a estrita supervisão dos oficiais nazistas – que logo após sua chegada começaram a organizar secretamente atividades musicais, não obstante fosse proibida, a princípio, a produção de qualquer tipo de música. Muitos músicos encontraram formas astuciosas de contrabandear seus instrumentos para o campo. Para ocultar seu violoncelo, um artista o desmanchou por completo, escondeu as peças em suas roupas e então colou-as novamente no alojamento masculino. Cautelosos, os artistas apresentavam seus concertos improvisados em porões ou sótãos, mas ainda assim eram descobertos.

Para sua surpresa, porém, não eram punidos, mas recebiam ordens de tocar com mais frequência.

Os nazistas compreenderam que adicionar música e eventos artísticos a sua estância fictícia podia ser um grande golpe de publicidade para provar ao mundo exterior que tudo estava bem com os judeus. Assim, eles ordenaram aos prisioneiros que formassem um *Freizeitgestaltung*, ou Comitê de Horas Livres, para organizar concertos, palestras e outros eventos. Hans Krása foi nomeado diretor da seção musical. Cartazes de impressão tosca apareciam nos alojamentos para anunciar a programação. Devido à imensa procura, eram distribuídos ingressos – gratuitos, pois os prisioneiros não tinham dinheiro – para controlar a entrada. Até críticos musicais eram encorajados a escrever resenhas. Com tantos músicos entre os prisioneiros, durante um curto período quatro orquestras sinfônicas podiam tocar simultaneamente em Theresienstadt. Aquele era o único lugar na Europa ocupada onde tocava-se jazz – os nazistas chamavam-no de "música degenerada", e haviam-no banido não só porque era estadunidense, mas também por ser tocado por negros e judeus.

Os artistas levavam suas apresentações tão a sério como se estivessem nos palcos mundiais. Não apenas estavam tentando motivar as plateias de prisioneiros, mas também tocavam uns para os outros. Alice diz: "À medida que nossa situação se tornava mais e mais difícil, tentávamos cada vez mais alcançar a perfeição, o significado da música. A música era nossa forma de relembrar nosso eu interior, nossos valores."

Depois da guerra, Edith Steiner-Kraus ofendeu-se ao ser questionada quanto à qualidade das apresentações em Theresienstadt. "Sem dúvida você está pensando[1] em ritmo, entonação, balanço e dicção exatos.[...] A superficialidade de sua pergunta me incomoda terrivelmente – como se essas coisas importassem. Você não entende? Havíamos retornado à fonte da música. [...] Não entendo por que as pessoas, ao falarem de Theresienstadt, mencionam essas coisas sobre as quais você me pergunta. Você nunca vai compreender, nem de perto, que para cada um de nós a música significava uma força sustentadora e uma forma de usar nosso talento para motivar, muito além de críticas musicais ou avaliações superficiais. Nós *éramos* música."

Enquanto tocavam, os prisioneiros quase podiam esquecer a fome e o lugar onde estavam. Além do pânico de achar seu nome em uma lista de deportação para o leste, o medo de morrer de inanição, tifo e outras doenças tornara-se real. Medicamentos eram proibidos aos judeus. Centenas de corpos eram removidos todos os dias. Entre todos que foram mandados para Auschwitz e outros campos de extermínio no leste, e aqueles mortos por enfermidades, das mais de 156 mil pessoas que passaram por aqueles portões apenas 11% sobreviveriam até a libertação, em 8 de maio de 1945.

O romancista Ivan Klíma escreveu, depois da guerra, sobre sua primeira noite em Theresienstadt, "um garoto de 13 anos", sentado sozinho entre muitas pessoas idosas[2] e doentes e assistindo a uma apresentação da ópera de Smetana *A Noiva Vendida*. "Não havia figurino, orquestra ou palco: fazia frio, mas estávamos hipnotizados pela música. Muita gente chorava. Eu também tinha vontade de chorar. Anos mais tarde vi uma montagem com uma produção primorosa, que nem em sombra era tão comovente como eu me recordava."

O que os nazistas não puderam compreender era que o poder da música em reconfortar e dar esperança a artistas e plateia era mais forte que o terror de seus mestres. Cada composição escrita em Theresienstadt, e cada concerto ali apresentado tornava-se uma vitória moral contra o inimigo. Para muitos prisioneiros, a beleza de sua civilização tornou-se um escudo contra o desespero. Por meio da música, os artistas podiam aferrar-se a suas identidades pessoais, enquanto as plateias, transportadas pela música no tempo e no espaço, podiam sentir que a vida era quase normal, ao menos enquanto durasse a apresentação.

* * *

Antes das deportações, os nazistas haviam proibido a apresentação de judeus, e os concertos de Praga transferiram-se para locais secretos. No final de 1939, o Orfanato Judeu de Praga era um deles. O teatro podia acomodar quase 150 pessoas sentadas, mas era perigoso que tanta gente fosse vista entrando ou saindo, mesmo quando estava escuro. A maior parte da plateia dormia no chão para evitar prisões. O clima durante os concertos fazia um contraste total com a realidade diária de restrições, humilhações, regras em constante mudança e prisões. Alice apresentou vários recitais completos no orfanato. "Minhas plateias queriam ouvir Beethoven, Schubert, compositores tchecos e a música de Mendelssohn, que fora banida pelos nazistas. Não dávamos ouvidos a eles, nós decidimos ignorá-los. Pode imaginar", ela pergunta, "que Hitler tentou destruir tudo que recordasse Mendelssohn, que somente um século antes fora declarado um herói alemão – e tudo porque ele nasceu judeu?" Mendelssohn, que foi criado como um luterano convertido, escreveu suas peças baseado em textos cristãos. "Que estariam pensando quando os camisas-marrons queimaram sua música, removeram sua estátua e destruíram retratos dele bem diante da Gewandhaus, em Leipzig, enquanto *sir* Thomas Beecham regia um concerto, na noite de 10 de novembro de 1936? As pessoas ainda diziam, isto não pode piorar. O regime de Hitler era uma aberração. A pergunta que devíamos estar nos fazendo era: se é isso que os nazistas fazem com os judeus mortos, que acontecerá aos vivos?"

A pedido de Rudi Freudenfeld, filho do diretor do orfanato, Alice apresentou alguns programas para o público jovem. Rudi, que era professor, havia se apresentado como voluntário para ajudar as muitas crianças vindas da Polônia e de outros países mais ao leste, enviadas a Praga pelos pais que equivocadamente acreditaram que ali estariam a salvo. Agora, as crianças judias estavam proibidas de estudar, em escolas públicas ou particulares, e não tinham como ocupar seu tempo.

Em 1938, Hans Krása compôs uma ópera curta, de um ato, baseada em um conto de fadas inventado por seu amigo Adolf Hoffmeister, que nunca tinha sido apresentada. Eles a haviam batizado *Brundibár* ("abelhinha", em tcheco), que era o nome do personagem principal. Por razões inexplicáveis, os nazistas não haviam proibido atividades artísticas para crianças, e Krása e Hoffmeister se ofereceram para ocupar o tempo dos pequenos com a produção de sua ópera. Construir os cenários, fazer as roupas, aprender os papéis, participar de ensaios e de apresentações poderia distrair as crianças, proibidas de brincar ao ar livre. Os preparativos logo começaram, com o objetivo de fazer uma apresentação no orfanato. O único ensaio geral teve lugar no início de 1942, para uma pequena plateia. E então os nazistas começaram a deportar as crianças, junto com os professores, Krása, Hoffmeister e Freudenfeld, para o recém-instalado campo de concentração em Theresienstadt.

Em seus primeiros meses no campo de concentração, Alice pôde tocar em concertos de música de câmara, mas a maioria dos músicos de cordas logo foi para Auschwitz. Por mais estranho que fosse, a despeito da sujeira e da fome, a rotina de trabalho fabril obrigatório, apresentações, cuidar de Rafi e dar a ele e a outras crianças lições básicas de piano a cada momento livre ajudou-a a nunca perder a esperança. Nesse meio-tempo, Hans Krása decidiu tentar encenar *Brundibár* de novo, como forma de ocupar e entreter algumas das milhares de crianças. Rudi Freudenfeld conseguira trazer escondida para o campo sua cópia da partitura com o acompanhamento de piano, e Krása reorquestrou a ópera para os treze instrumentistas disponíveis. Era um conjunto muito incomum, que incluía violino, violoncelo, piano, acordeão e trompete, tocados por uma mistura de músicos jovens e velhos. Um garoto de 10 anos, da Dinamarca, foi escolhido para tocar a parte do trompete, de grande dificuldade para sua idade. Freudenfeld ensinou a música às crianças e regeu as apresentações.

Alice achou que Rafi poderia gostar de participar da peça, e pediu a Krása que conseguisse uma audição para ele. Com sua voz límpida, tom perfeito e excelente dicção tcheca, Rafi recebeu o pequeno papel solo do pardal; com 7 anos de idade, era o mais jovem membro do elenco.

Brundibár é um conto de fadas de fundo moral, em que o bem triunfa sobre o mal. Dois personagens, Pepiček e Aninka, têm uma mãe muito doente. O doutor receita-lhe leite, alertando que sem o leite ela morrerá logo. Mas não há dinheiro para comprá-lo. Vendo o tocador de realejo Brundibár apresentando-se numa esquina, as crianças começam a cantar, esperando que as pessoas da vila lhes atirem moedas. Mas o cruel Brundibár enxota-os. Três animais – um cão, um gato e um pardal – aparecem para ajudá-los. Junto com as crianças dos arredores, começam a cantar uma canção de ninar. Impressionadas, as pessoas começam a recompensá-los com moedas, que de imediato Brundibár lhes rouba. Todas as crianças e animais o perseguem e recuperam a bolsa de dinheiro. A ópera termina com as crianças cantando uma canção, em ritmo de marcha, comemorando a vitória sobre o maléfico Brundibár, uma personificação de Hitler.

A plateia deliciava-se com o protesto alegórico da ópera. Como os nazistas haviam decretado que as óperas deviam ser apresentadas somente em alemão, é espantoso terem ignorado que todas as 55 apresentações de *Brundibár* tenham sido cantadas em tcheco, bem debaixo de seu nariz. O mais provável é que não tenham se dado ao trabalho de traduzir o libreto por não darem qualquer importância a uma obra encenada por crianças judias. Ironicamente, os nazistas aproveitaram a pequena ópera em sua própria propaganda, incluindo-a numa apresentação para a Cruz Vermelha Suíça. No filme de propaganda de 1944 *O* Führer *dá uma Cidade aos Judeus*, Rafi é visto cantando na fileira da frente, no canto esquerdo da tela, em pé sobre uma caixa por ser o menor dos integrantes. Rafi adorava estar no palco. Às vezes ele afirmava, "Quando eu crescer, vou ser ator". Alice não deixou de perceber que seu filho e as outras crianças que atuaram em *Brundibár* foram muito fortalecidos pela experiência. "Quando estavam cantando e atuando, as crianças podiam penetrar na mágica do teatro e fingir que haviam voltado para casa. Podiam ignorar por um ou dois instantes a fome e o medo", relata.

Atualmente, *Brundibár* é a única ópera de classe internacional composta para ser encenada apenas por crianças. É produzida continuamente por companhias de ópera e escolas no mundo todo.

Com o tempo, os prisioneiros foram descobrindo alguns pianos melhores nos porões das casas e armazéns, levando-os para várias das salas mais amplas na antiga prefeitura da cidade e nos Quartéis de Magdeburgo, onde *Brundibár* foi encenada a princípio. Às vezes, ainda, quando era esperada a visita de alguma pessoa importante, os nazistas forneciam alguma coisa melhor, vinda de seu depósito de instrumentos confiscados aos judeus. Algum prisioneiro hábil faria o possível para afinar e consertar os pianos. Em meados de 1944, o período de prática reservado para Alice foi ampliado para duas horas diárias, para que ela pudesse dar mais concertos. Quando ela acompanhava um solista, com frequência Rafi virava as páginas. Ele era tão esperto e preciso que também tornou-se o virador de página de outros músicos.

Entre o verão de 1943 e a libertação, Alice tocou mais de uma centena de concertos, a maioria recitais solo escolhidos a partir do que decorara extenso repertório. Logo após a chegada ao campo, Leopold e Rafi em geral sentavam-se juntos na primeira fileira, durante as apresentações dela. Com frequência o programa incluía uma sonata de Beethoven, obras de Chopin ou Schumann e várias peças de compositores tchecos. Viktor Ullmann e outros faziam resenhas dos concertos de Alice. Ao chegar a Theresienstadt, Ullmann foi designado para trabalhar no *Freizeitgestaltung* (Comitê de Horas Livres) como crítico musical, e também recebeu a atribuição de montar o cronograma dos horários de prática dos pianistas. Durante os concertos, ele era visto escrevendo a lápis em pedaços de papel. Ullmann tinha autorização para datilografar seus ensaios no escritório do *Freizeitgestaltung*, onde eram feitas algumas cópias para serem distribuídas entre os artistas. Antes de sua deportação para Auschwitz, em 1944, ele escreveu um tributo a Alice, agradecendo-lhe "pelas muitas belas horas" que ela proporcionava a todos que a ouviam. Esse artigo foi descoberto depois da guerra, em uma coleção de 27 resenhas de Ullmann.

Alice executou várias vezes todos os 24 estudos de Chopin, um desafio mesmo nas melhores condições. Outro crítico apelidou-a de "O Espelho Divino de Chopin"[3] e escreveu, "Somente um intérprete pode tornar imortal, com perfeição inata, a melancolia e a suavidade do jovem Chopin [...] a artista Sra. Herz-Sommer". Anna Flachová, que esteve no campo quando era uma garotinha, atribui às apresentações de Alice a inspiração para que também se tornasse musicista. Depois da guerra, ela estudou piano e canto, e hoje é professora de voz no conservatório de Brno.

"Não éramos competitivos," explica Alice. "Fazíamos o possível para apoiar e encorajar uns aos outros e sonhar juntos o nosso futuro. Certa vez, em 1944, chegou uma pianista nova que queria tocar o Concerto Italiano de Bach em um de nossos concertos conjuntos. Partituras eram, claro, proibidas, e ela não sabia a peça de cor. Edith ofereceu-lhe ajuda. Ela escreveu toda a peça à mão, todos os três movimentos, de cabeça." Alice acrescenta sua palavra favorita de elogio, "Extraordinário". Ela sorri, recordando as *Três Canções Chinesas*, que Pavel Haas[4] compusera no campo para o baixo Karel Berman. "Haas era engenhoso para, em um campo de concentração, escrever música sobre poemas de amor chineses." As canções fizeram tanto sucesso que, depois da guerra, em Praga, Berman foi bastante solicitado para cantá-las em memória de Haas.

Alice acompanhou alguns ensaios, e acredita ter tocado em uma ou duas das apresentações, do Réquiem de Verdi, que o regente Rafael Schächter estava preparando para a futura visita da Cruz Vermelha Internacional, que seria oferecida por Adolf Eichmann. Em meados de 1944 não restavam membros suficientes da orquestra para compor a grande sinfônica que o Réquiem exigia – eles haviam sido levados para Auschwitz. "Schächter teve de reger o Réquiem com apenas o acompanhamento do piano – uma música muito difícil para o pianista", explica Alice. O regente havia conseguido contrabandear apenas uma cópia da partitura para dentro do campo, assim ele fez os cantores decorarem a música e a letra, e todos cantaram o Réquiem inteiro de memória. Schächter teve de treinar um novo coro três vezes, pois os integrantes eram dizimados pelas deportações para Auschwitz. Alice nunca deixa de mencionar que seu amigo Karel Berman cantou os solos do baixo em todas as quinze apresentações.

Alguns prisioneiros criticaram Schächter por escolher uma peça baseada num texto cristão e não numa obra litúrgica judia, e muitos dos tchecos achavam que ele devia ter apresentado a obra de um compositor tcheco. "Schächter e seus cantores defendiam a escolha de Verdi por este ser moderno e universal", diz Alice. A última apresentação de Schächter foi encenada pelos nazistas para os representantes da Cruz Vermelha Internacional, em 23 de junho de 1944.

Em 28 de outubro, o último transporte, com uma carga de dois mil judeus, deixou Theresienstadt rumo a Auschwitz. Ele chegou a tempo para que a maioria de seus passageiros fosse levada para a câmara de gás em 30 de outubro. Por ordem de Himmler, as câmaras de gás foram então fechadas. Com a amarga constatação de que estavam perdendo a guerra, ele estava ansioso para destruir a evidência. Em novembro de 1944, a maioria dos amigos e colegas de Alice – incluindo o assistente de *spalla* da Filarmônica Tcheca, o gentil Egon Ledeč, o regente Rafael Schächter e os compositores Pavel Haas, Viktor Ullmann, Hans Krása e Gideon Klein – haviam perecido. Alice e sua amiga Edith Steiner-Kraus foram as duas únicas pianistas proeminentes que restaram no campo. Durante os últimos meses de guerra, os judeus tchecos que antes tinham sido poupados por serem casados com arianos foram deportados para Theresienstadt. Paul, irmão de Alice, chegou neste grupo com seu violino. Como na infância, Alice e Paul deram recitais com as sonatas de Beethoven para violino e piano.

Alice acredita que, a despeito das condições do campo, e dos instrumentos inadequados, defeituosos e quebrados fornecidos para os concertos, ela talvez tenha conseguido em Theresienstadt suas melhores e mais emocionadas interpretações das sonatas de Beethoven e Schubert. A música na mente e sob os dedos eram suas únicas posses. Com orgulho e cuidado ela preparava cada programa, para que sua plateia de prisioneiros pudesse experimentar o esplendor e a riqueza da vida que lhes era negada no campo. "Não éramos heroicos", diz. "Nós improvisávamos. Conseguíamos continuar fazendo, continuar trabalhando como sempre. Não praticar era impensável."

Naquela estranha sala de concerto improvisada, Alice tocou para algumas das plateias mais seletas de sua vida. Agarrando-se à sua própria humanidade, o rabino Leo Baeck, amigo íntimo de Alice, e seu colega Dr. Viktor Frankl estavam sempre sentados perto do palco. Pessoas que de outra forma teriam ouvido suas apresentações em grandes salas de concerto da Europa amontoavam-se de bom grado com crianças e cidadãos comuns, incluindo Minna, tia de Henry Kissinger; Adolfine, irmã de Sigmund Freud; Ottla, irmã de Franz Kafka; e quase toda a comunidade musical tcheca.

Como diz Alice, "A música era nosso alimento. Posso afirmar. Quando temos algo espiritual, talvez não necessitemos de comida. A música era vida. Não podíamos e não iríamos desistir."

Capítulo 9

O *Führer* dá uma cidade aos judeus

Alice sacode a cabeça ao relembrar a primavera de 1944. "Os nazistas anunciaram o que chamavam de 'projeto de embelezamento' de Theresienstadt, como preparativo para a visita de inspeção da Cruz Vermelha em 23 de junho. Disseram-nos que teríamos todos que trabalhar mais duro para ter orgulho de nossa cidade. Nós [os prisioneiros] rimos. Sabíamos que era um truque."

Havia algum tempo que a Cruz Vermelha Internacional vinha pressionando os nazistas para permitirem uma inspeção em Theresienstadt. Haviam recebido denúncias de que os prisioneiros não eram tão bem tratados como informado pelos alemães. Os nazistas por fim concordaram com a visita de três representantes, um da Cruz Vermelha Dinamarquesa e dois da Cruz Vermelha Suíça. A visita seria rigidamente controlada; os representantes não teriam liberdade para percorrer a cidade ou falar diretamente com os prisioneiros. A SS iria escoltar os convidados o tempo todo, mostrando-lhes apenas edifícios pré-selecionados, especialmente preparados, e cenas ensaiadas.

Embora o exército alemão estivesse recuando em todas as frentes, a guerra secreta contra os judeus foi acelerada. Os idealizadores da Solução Final estavam dedicados a terminar o que haviam começado – a destruição total dos judeus. Ainda assim, o alto comando nazista, ansioso em proteger a própria pele, queria enganar o Ocidente quanto a suas intenções no caso do "problema judeu". Os nazistas achavam que conseguiriam enganar a Cruz Vermelha durante a visita de um dia à "estância", mas sentiam a necessidade de uma campanha de propaganda ainda mais grandiosa. Concomitantemente ao trabalho duro dos prisioneiros no projeto de "embelezamento", os nazistas encontraram sua arma de propaganda em Kurt Gerron, um dos atores e diretores de cinema mais famosos da Alemanha. E, claro, deram sua palavra de honra a Gerron, um judeu, de que ele e sua mulher não seriam enviados a Auschwitz.

Gerron desempenhou um papel importante em *A Ópera dos Três Vinténs*, de Bertolt Brecht, com sua inesquecível interpretação da canção de abertura, "Mac Navalha", na *première* em Berlim, em 1928. Tornou-se uma estrela de cinema depois de seu papel como Kiepert, o mago, no primeiro grande filme sonoro alemão, *O Anjo Azul*, com Marlene Dietrich. Já aprisionado em Theresienstadt, ele recebeu ordens de fazer um filme mostrando as mentiras nazistas da "boa vida" que o *Führer* proporcionava aos judeus na estância. Os oficiais da SS estavam nos cenários o tempo todo, gritando ordens para Gerron. Eles queriam uma cena de judeus rindo em uma apresentação teatral. Mas os prisioneiros não queriam e não conseguiam rir. À medida que a pressão da SS aumentava, aterrorizado e transpirando, Gerron implorou a seus atores-prisioneiros para rirem para a câmera quando ele desse o sinal. Confiando em seus instintos de diretor, Gerron começou a sacudir sua barriga gorda de tal modo que provocou uma estrondosa gargalhada, por alguns escassos momentos. Mais tarde, Kurt Gerron teria a dúbia honra de ter dirigido o único filme conhecido feito dentro de um campo de concentração em funcionamento.

Enquanto ele se preparava para filmar, todos os aspectos do engodo nazista progrediam com presteza. Os judeus foram forçados a pintar o interior e o exterior dos edifícios que seriam exibidos.

Para evitar a aparência de superpopulação, a Gestapo acelerou o envio de 7.503 prisioneiros mais velhos e doentes para a morte em Auschwitz entre 16 e 18 de maio de 1944. O terceiro leito dos beliches em um dos edifícios ocupados por mulheres foram removidos temporariamente. As janelas receberam cortinas e livros foram espalhados em mesas temporárias para criar uma atmosfera caseira. Árvores e flores foram plantadas, e foi instalada sinalização de ruas e edifícios em alemão. Até mesmo um banco foi aberto e cédulas falsas e sem valor foram distribuídas. De repente havia uma rua principal com um salão de beleza, uma padaria e um café repletos de produtos espetaculares, incluindo apetitosos *petit fours*, e um bolo de casamento com andares, que os prisioneiros famintos estavam proibidos de tocar. As ruas que os oficiais da Cruz Vermelha percorreriam tinham sido esfregadas com escovas, sabão e água por prisioneiros de quatro no chão. Mas tudo era um embuste, um cenário falso que seria destruído assim que o filme fosse finalizado e a Cruz Vermelha partisse.

Quando a notícia da propaganda nazista se espalhou pelo campo, muitos prisioneiros recomendaram a Gerron que se recusasse a cooperar. Embora houvesse protestado, ele tinha esperança de que fazer o filme impedisse sua deportação para Auschwitz, e que suas imagens cuidadosamente criadas fossem capazes de revelar a verdade por trás do embuste. Além do mais, seu humor deprimido teve uma melhora quando ele se viu trabalhando uma vez mais em sua profissão. De imediato ele escreveu um roteiro. Seus *storyboards* originais, aprovados pelos nazistas, foram descobertos em Theresienstadt depois da guerra.

Gerron insistiu em contratar uns dos melhores *cameramen* da Tchecoslováquia, Ivan Frič, e sua equipe, de Praga. Os nazistas aceitaram, embora provavelmente temessem que a exposição de civis tchecos ao campo pudesse colocar em perigo seu projeto. O diretor, porém, argumentou que precisava da experiente equipe para fazer o filme que eles queriam.

Todos os mais de trinta mil prisioneiros que ainda restavam em Theresienstadt foram afetados pela produção do filme. Muitos dos que apareciam, mesmo que de relance, tinham a esperança equivocada de que a cooperação poderia salvá-los. Os prisioneiros receberam tarefas como maquiadores e cabeleireiros. A maioria dos prisioneiros, incluindo aqueles que apareciam apenas como parte das plateias de concertos ou jogos de futebol, recebeu roupas trazidas dos imensos depósitos onde os nazistas guardavam os pertences dos mortos. Mas sapatos finos para a orquestra eram escassos. Tantos sapatos haviam sido mandados para a Grande Alemanha para serem dados aos civis que tinham perdido tudo nos bombardeios aéreos, que não havia disponíveis pares suficientes dos diversos tamanhos. Gerron resolveu o problema colocando vasos de plantas ao redor da borda do palco, para esconder os pés dos músicos.

Embora a maior parte do filme tenha sido rodada em Theresienstadt entre agosto e setembro, parece que Gerron ou filmou parte da visita da Cruz Vermelha ou inseriu filmagens nazistas disponíveis feitas naquele dia. Seu filme inclui o ato cuidadosamente ensaiado de um garoto judeu correndo na rua atrás de uma bola. Um nazista uniformizado pega a bola e a entrega para a criança, com um tapinha amigável no alto da cabeça. Poucas semanas depois, a mesma criança foi assassinada em Auschwitz.

O representante da Cruz Vermelha Dinamarquesa não se deixou ludibriar pela encenação, mas a delegação suíça aceitou-a. Os suíços divulgaram um relatório concordando com os nazistas que os judeus estavam relativamente bem em comparação com os civis alemães que viviam em cidades bombardeadas.

O rei da Dinamarca, Christian X, reagiu de modo diferente. Ele exigiu que os 466 judeus dinamarqueses que estavam em Theresienstadt fossem libertados e devolvidos em segurança à Dinamarca. Os nazistas aquiesceram, e um comboio de ônibus e ambulâncias brancos cruzou as linhas do *front* para resgatar os prisioneiros dinamarqueses. Mas era tarde demais para os cinquenta dinamarqueses que já haviam morrido no campo. Paul Sanford, o órfão dinamarquês de 12 anos que tocara o trompete na orquestra que acompanhava as apresentações de *Brundibár*, foi um dos prisioneiros salvos pela intervenção bem-sucedida de seu país.

Mesmo depois da partida dos oficiais da Cruz Vermelha, durante o verão de 1944 e até o fim das filmagens, Gerron percorreu uma linha tênue tentando satisfazer as exigências nazistas e ao mesmo tempo expor a verdade. A despeito dos cenários ou das cenas da população bem-vestida, Gerron foi capaz de representar, nos *closes*, as faces deprimidas e sem vida ao redor de si. Enquanto a plateia ouvia o *Estudo para Cordas*, escrito por Pavel Haas para a ocasião e regido por Karel Ančerl, que sobreviveu e tornou-se regente da Sinfônica de Toronto, Gerron capturou os olhos assustados e seu desespero. Um dos mais ilustres prisioneiros de Theresienstadt, o rabino Leo Baeck, amigo de Alice, foi mostrado em uma palestra encenada. A música de fundo era a dolorosa melancolia do movimento lento do Trio para Piano, Violino e Violoncelo em Ré Menor, de Mendelssohn, banida pelos nazistas de toda a Europa ocupada. As filmagens incluíam também alguns segundos de uma bonita garota que se voltava para a câmera com um sorriso forçado, enquanto regava um jardim. Havia miradas vazias nas faces dos velhos sentados em "bancos de praça" supostamente desfrutando a vista, e os olhares aterrorizados das crianças menores, que cavalgavam nervosas cavalinhos de pau, como se tentassem galopar para os braços de suas mães já desaparecidas. Em uma cena da plateia de *Brundibár*, Gerron focalizou um garoto muito magro que não vestia camisa. E mesmo na cena final da ópera, em geral feliz, as crianças não sorriam e pareciam temerosas e desesperançadas, cantando o coro de forma mecânica. A verdade do filme de Gerron transparecia para qualquer um que tivesse a coragem de ver.

Assim que Gerron terminou o filme, sob as ordens do ministro de Propaganda do Reich, Dr. Joseph Goebbels, um trem vedado partiu de Theresienstadt levando a carga final de mais de dois mil prisioneiros que haviam participado da produção. Quando o trem parou em Auschwitz, as portas foram destrancadas e o nome de Gerron foi anunciado pelos alto-falantes.

– Kurt Gerron, *heraus* (saia). – Os outros prisioneiros assistiram enquanto Gerron saiu do vagão de gado para as mãos dos guardas da SS. De acordo com testemunhas, ele não olhou nem para a esquerda, nem para a direita. Gerron havia sido escolhido para "tratamento especial", sob as ordens do quartel-general da Gestapo, para que houvesse certeza de que não falaria. Com a cabeça erguida e sem olhar para trás, Gerron foi conduzido diretamente para a câmara de gás. Tinha 47 anos. Surpreendentemente, o baixo Karel Berman foi um dos poucos daquele trem que sobreviveu a Auschwitz.

O filme de Gerron foi editado em Praga e uma cópia enviada a Berlim, onde foi destruída antes que a Alemanha se rendesse. Foi só no final de 1945 que o principal *cameraman*, Ivan Frič, que fora parcialmente protegido das verdades assassinas de Theresienstadt, descobriu o que ocorrera com Gerron e as multidões de tchecos do filme.

Depois da guerra, fragmentos do filme que Frič rodou para Gerron – incluindo cenas de *Brundibár* e a peça de Haas para orquestra de cordas – foram encontrados em uma produtora tcheca. Pesquisadores continuam descobrindo partes adicionais do filme em arquivos, de modo que algum dia a maior parte do filme de Gerron talvez possa ser remontada, com base nos *storyboards* existentes.

Hoje Alice se pergunta, "Como pode alguém olhar para aquelas faces no filme sem ver a verdade?". Respondendo à sua própria pergunta, acrescenta, "Todos vemos só o que queremos ver". Nas palavras que um prisioneiro corajoso conseguiu sussurrar para um dos visitantes da Cruz Vermelha: "Abra os olhos. Veja o que eles não mostram. Olhe."

Capítulo 10

Instantâneos

Alice vive em meio a suas poucas fotos e *suvenires* remanescentes. O apartamento de um quarto, humilde em sua simplicidade antiquada, é uma espécie de casulo que carrega adiante suas lembranças, dia após dia. O mobiliário é uma coleção de itens desencontrados, da poltrona de *velour* verde às mesas de metal que parecem ter sido descartadas por alguém no dia da mudança. O piano Steinway vertical, uma antiguidade, está encostado no centro da parede maior. Sem um planejamento, cada recordação visível se entremeia com outra, evocando um retrato da vida de Alice.

Ao entrar no apartamento, a primeira coisa que atrai o olhar é um grande retrato emoldurado de um homem jovem, galante, usando um tapa-olho. É a foto do mais estimado professor de piano de Alice, Václav Štěpán. Ele havia perdido o olho esquerdo em um acidente no exército, durante a Primeira Guerra Mundial, mas o ferimento não prejudicou sua habilidade artística; de fato, Štěpán podia fazer longas explanações acerca do valor, para um músico, da visão limitada. Ele era considerado um dos melhores e mais ousados pianistas da Tchecoslováquia, e era muito procurado como professor de piano e de composição.

Štěpán foi uma das primeiras pessoas que Alice tentou encontrar depois de voltar a Praga em 1945, e ficou consternada ao saber que ele havia morrido de câncer pouco antes da libertação da cidade. A influência do professor Štěpán sobre ela foi tanta, em termos musicais e pessoais, que ela batizou o filho com seu nome. A viúva dele dera a Alice a foto emoldurada, como recordação.

Além do retrato de Štěpán, por toda a sala há fotos de Rafi. A fotografia central em cima do piano mostra Rafi com Pablo Casals e foi tirada no verão de 1965, durante o aclamado Festival de Música de Marlboro, nos Estados Unidos. Rafi havia tocado em uma execução da Suíte nº 2 em Si Menor de Bach, regida por Casals. Duas semanas mais tarde, Rafi era violoncelista no Quinteto Boccherini, e dessa vez Casals estava na plateia. Alice ficou mais eufórica que o filho quando este escreveu-lhe contando sobre os concertos; ela entendeu quão duradouro poderia ser o efeito do tempo passado na presença do grande Casals. Quando ela escreveu em resposta ao filho, relembrou-o de fazer anotações minuciosas todos os dias. Ele deveria recordar-se de cada palavra que o maestro dissesse.

As semanas que Rafi passou em Marlboro, trabalhando com os maiores músicos do mundo, nas bem arborizadas Green Mountains, em Vermont, foram inesquecíveis. Fundado por Rudolf Serkin para promover os concertos de música de câmara em seu novo país, o festival era de uma democracia ímpar, no sentido de que os artistas jovens tocavam em conjunto com os grandes e famosos. Serkin, nascido na Tchecoslováquia em 1903, no mesmo ano que Alice, já era um pianista mundialmente famoso; ele e vários membros de sua família tinham tido a sorte de escapar para os Estados Unidos em 1939. Rafi nunca contou a Serkin que era um sobrevivente do Holocausto. Para Rafi, a experiência era exclusivamente musical. O violinista Jaime Laredo lembra-se vividamente de Rafi, não apenas como um talentoso violoncelista, mas como um esfuziante jovem, muito bem-humorado.

Uma menorá de Chanuká eleva-se, preeminente, entre as fotografias sobre o piano de Alice, como uma guarda de honra, o único símbolo da vida judaica que ela trouxe de Israel quando imigrou. Geneviève, a viúva de Rafi, descreve como Alice acende com alegria as velas para as oito noites de Chanuká – a palavra em si significa dedicação – para o filho e os netos, da mesma forma como a família dela fazia durante sua infância em Praga. Na parede ao lado do piano há um desenho de um quarteto de cordas que inclui dois membros da família de Alice, retrabalhado a partir de uma foto do pré-guerra: seu irmão Paul está tocando o primeiro violino e seu marido, Leopold, está no segundo violino. Segundo ela, era um quarteto amador de primeira linha, cujos ensaios nas noites de quinta-feira eram imperdíveis.

Velhas partituras musicais estão empilhadas no assento de veludo verde desbotado do banco do piano. Há mais música empilhada no chão, e aberta acima das teclas do piano está uma grande partitura de capa dura, suas páginas amareladas e frágeis exibindo rasgões pelo uso constante. É a parte do piano da Sonata de Primavera para violino e piano, de Beethoven. Alice tocou essa sonata muitas vezes com violinistas, em concertos europeus antes da guerra; em Theresienstadt, ela a tocou com violinistas que haviam sido membros da Orquestra Filarmônica Tcheca; e em Israel também a tocou com frequência. Em Londres, Alice ainda retorna repetidamente à obra. "Beethoven é um milagre", ela diz. "Beethoven não é apenas melodia, ele é pleno, profundo... intenso." Ela explica que nessa peça, o violino e o piano envolvem-se em um diálogo democrático. O tema é jogado de um para o outro, entrelaçando os instrumentos numa conversação íntima e respeitosa. Cada instrumento tem papel equivalente. Nenhum sobressai sozinho, ou pode existir sem o outro. Alice observa que Beethoven não intitulou a obra como "Primavera" – o apelido tornou-se popular logo após a publicação da sonata, provavelmente por conta de suas melodias ensolaradas e ternas.

Acima da cama de solteiro de Alice estão duas pinturas, pequenas mas coloridas, das colinas de Jerusalém, uma recordação da terra que lhe deu refúgio e um novo começo, e onde passou seus anos mais felizes. Nada no aposento serve como recordação de suas raízes tchecas; ela tem poucos laços pessoais com a cidade de sua infância. Sua casa, sua escola e sua família, tudo desapareceu.

Na parede em frente a sua cama está uma pintura a óleo, sem moldura, de seu filho com o violoncelo. Edna, uma das alunas de piano em Jerusalém, dotada de múltiplos talentos, pintou o quadro realista a partir de uma foto. O semblante pensativo de Rafi é a primeira imagem que Alice vê pela manhã e a última a vislumbrar ao fechar os olhos de noite. Ela diz que a pintura a traz tão perto de seu filho que quase é possível ouvir o som do violoncelo. Edna voou de Israel para Londres para dar a Alice o retrato, em seu centésimo aniversário.

Um olhar mais atento ao redor do aposento mostra que as recordações de Rafi dominam o espaço. Guardados sob a televisão estão os vídeos de Rafi tocando violoncelo ou regendo. E até o pequeno ventilador elétrico branco que fica sobre os livros é uma lembrança dele. Rafi o deu à mãe para que suportasse com mais conforto os dias de calor. Alice conta que quase toda semana ela recebia um presente do filho. Jogados por cima do encosto de sua poltrona estão mantas de lã e um xale que Rafi lhe deu para os dias de frio intenso.

Alguns livros sobre música, junto com livros de Franz Kafka e *O Mundo Que Eu Vi*, do escritor austríaco Stefan Zweig, estão ao alcance na mesinha de cabeceira. O livro de Zweig, que ela leu e releu incontáveis vezes, foi um presente de seu querido Michal Mareš, que o deu a ela em 1945. Ao longo dos muitos anos seguintes, em Israel e em Londres, *O Mundo Que Eu Vi* foi seu companheiro constante. Publicado originalmente em alemão, na Suécia, em 1943 – ele havia sido banido em todos os países ocupados pelos nazistas, porque o autor era judeu –, a princípio o livro era, para Alice, uma conexão com o passado, um belo retrato do mundo de sua infância, no qual música, literatura e a vida mental eram reverenciadas. Quando jovem, Alice chegou até mesmo a conhecer Zweig, que estava ligou a seu círculo por meio da amizade com Gustav Mahler e Richard Strauss.

A descrição feita por Zweig da ascensão de Hitler ao poder perturbava Alice. Ela se perguntava, vezes sem conta, como o autor tivera uma visão tão aguda quando o resto do mundo prestou tão pouca atenção. "Nada enganou tanto os intelectuais alemães[1] quanto a falta de cultura de Hitler, levando-os a acreditar que ele era ainda o agitador de cervejaria que jamais poderia se tornar um perigo real", escreveu Zweig. "Então veio o incêndio do Reichstag[2] o parlamento desapareceu, Goering deixou livres suas hordas e de um só golpe a justiça na Alemanha foi aniquilada. [...] Com uma técnica inescrupulosa para mentir e enganar, o Nacional Socialismo tomou o cuidado de não revelar toda a extensão de seus objetivos antes que o mundo o aceitasse. Assim, praticaram com cuidado seu método: apenas uma pequena dose para começar, então uma breve pausa [...] para ver se a consciência mundial ainda engoliria essa dose. [...] Então as doses se tornaram cada vez maiores até que toda a Europa finalmente sucumbiu a elas." Mas "todo mundo tinha uma frase feita: isso não pode durar muito tempo. [...] Era a autoilusão que praticávamos pela relutância de abandonar nossa vida de sempre". Discutindo o relato feito por Zweig sobre a época, Alice diz, "*Ja*, o mundo não quis ver a verdade até que foi tarde demais. Deveríamos ter sabido".

Quando soube, mais tarde, o que havia acontecido ao mais famoso escritor austríaco, *O Mundo Que Eu Vi* assumiu um significado ainda maior para Alice. Zweig, um pacifista, relutara em abandonar sua casa em Viena, embora o país tivesse se transformado em seu inimigo jurado. Depois de fugir para salvar sua vida, ele recebeu residência permanente na Inglaterra, e então passou algum tempo nos Estados Unidos antes de decidir estabelecer-se em Petrópolis, no Brasil, onde ele viveu seus últimos cinco meses. Quando os nazistas invadiram a União Soviética, em 1941, Zweig acreditou que um véu negro havia baixado, e que Hitler e o reino do mal conquistariam o mundo que ele conhecia. Sem esperança, incapaz de se adaptar a um novo país, Zweig tomou a decisão consciente de pôr termo a sua vida.* Alice diz que desejaria que ele tivesse sido um pouco mais paciente, e não tivesse caído no desespero total. "Ele era tão sábio, poderia ter-nos dado muito mais", diz. Esses pensamentos ajudaram-na a fortalecer sua vontade, enquanto continuava a encarar seus próprios desafios. Ela especula que, se fosse mais velho, talvez Zweig tivesse encontrado mais esperança. Acenando com a cabeça, ela murmura, "Apenas quando somos muito velhos é que percebemos a beleza da vida".

Em uma estante, Alice mantém duas caixas de sapato repletas de lembranças. A primeira contém as fotos de família remanescentes: sua foto de casamento, tirada do lado de fora da Prefeitura de Praga, uma foto de seu irmão Paul, vários instantâneos de si mesma antes de guerra, e uma fotinho preto e branca de sua mãe ainda jovem. Também está na caixa uma pequena placa dada pelo governo de Israel – ela não se recorda nem a ocasião, nem o motivo do prêmio. Um homem barbado em uma pequena foto, provavelmente tirada pela mãe, revela-se como Sigmund Freud. Freud nasceu na Morávia e conhecera Sofie por meio de amigos mútuos em Viena. No fim da década de 1920, quando Alice e a mãe visitavam um parente em Viena, que à época vivia perto do consultório de Freud na Berggasse, durante seus passeios elas com frequência cruzavam com o famoso doutor, que sempre parava e trocava algumas palavras com ambas. A segunda caixa contém duas cadernetas de dez por quinze centímetros, que sobreviveram à guerra e

---

* Zweig, muito conhecido pelo livro *Brasil, País do Futuro*, cometeu suicídio junto com a mulher, Lotte, em sua casa em Petrópolis, Rio de Janeiro, no início de 1942. A crônica da trajetória de Zweig no Brasil é narrada em *Morte no Paraíso*, de Alberto Dines. [N. dos T.]

à mudança de Alice para dois novos países. A maioria das páginas está coberta por pequenos recortes do jornal tcheco alemão, resenhas de concertos seus que Alice colou com cuidado nas páginas.

Alice admite que, com o passar do tempo, ela deu muito de seus guardados, e que quase tudo que ela havia juntado antes da guerra foi perdido. Mesmo assim, ela é grata pelas poucas fotos que tem consigo. E pelo fio condutor de sua vida, seu piano Steinway. "Tudo isso me faz feliz. Todos os dias. O que está perdido? Às vezes as pessoas me trazem uma foto ou uma carta, um envelope. [...]" Ela faz uma pausa. "Não importa. Minhas lembranças estão sempre comigo. Minha vida está em minha mente."

Recordando-se de seus estudos dos filósofos gregos antigos, ela cita, "A memória é o escriba da alma".[3] Enquanto bate na testa com o terceiro dedo da mão direita, ela sussurra, "Aqui".

Interlúdio

Velhice

"Não é tão ruim!", diz Alice em seu tom mais teatral, sobre a idade avançada. "Quando as pessoas vêm me visitar, pessoas muito mais jovens do que eu, muitas delas gostam de contar como as coisas estão ruins, seus problemas financeiros, suas dores e sofrimentos. E o pior é quando me dizem como a velhice é terrível. 'É tão terrível, tão terrível.' E costumo deixá-los chocados, discordando. 'Não é tão terrível. E sou mais velha do que você. Em vez de afundar nos problemas, por que não ver os presentes que a vida nos dá?' Cada dia é um presente. É maravilhoso."

Ela diz que ser velha em idade não a torna irrelevante. E afirma, com mais insistência, "Minha mente é jovem. Minhas emoções e minha imaginação ainda são jovens". E então, com uma risada caprichosa, "É claro, tenho alguma experiência".

Alice fica ainda mais animada na presença de rapazes atraentes; ela se compraz em admitir, "Você não pode ver meu eu verdadeiro dentro desta pele enrugada, a vida que há em minhas emoções. O que enxerga é só a aparência externa de uma mulher muito velha".

Quando uma equipe da Televisão Tcheca chegou a sua casa em Londres para uma entrevista, no verão de 2006, Alice estava recatadamente vestida com uma saia azul-clara de tricô e um suéter de mangas curtas combinando. Como sempre, usava tênis de lona.

Naquele dia, escolhera um par branco. O *cameraman* principal e o diretor, os dois com menos de 30 anos, tinham ambos mais de um e oitenta de altura e eram atraentes. Ela os saudou em tcheco, com risadinhas adolescentes, e insistiu para que eles mesmos se servissem do chá com biscoitos que ela já colocara sobre a mesa; então saiu da sala, pedindo desculpas. Dez minutos depois, Alice reapareceu, lépida, usando tênis e batom vermelhos, e um colar.

Mais tarde, quando lhe perguntaram qual era a coisa mais importante do mundo, ela respondeu, muito séria, "O amor, o amor, é claro". Então, fazendo uma pausa para rir com gosto, ela sacudiu um dedo para o diretor e acrescentou, "Mas não estou falando de sexo".

Alice está sempre pronta para algo novo: um novo pensamento, um livro novo, uma nova ideia, pessoas novas. Sua curiosidade é insaciável. Muito além da idade em que muitos começam a se afastar do que é diferente ou desconhecido, ela recebe com prazer quase tudo que seja inovador. Recentemente ela pediu para experimentar o iPhone de Jacqueline Danson, neta de um amigo tcheco. A moça observou, fascinada, o dedo de 107 anos de idade manipulando o teclado. Quando Alice está deitada na cama, ela exercita a mente tocando mentalmente peças inteiras. Enquanto está sentada, falando, seus dedos se movem sem cessar. Ao ser indagada sobre o que está tocando, ela responde, rápida, "Bach, é claro".

Mesmo sem desejar nada material e talvez há décadas sem comprar roupas novas, Alice interessa-se por moda. Ela nota o que as pessoas usam, toca os tecidos e faz elogios. E sua atitude quanto ao sexo chega a ser espantosa, considerando sua idade e história pregressa. Sua ex-aluna Ester Maron recentemente apresentou-lhe a filha Michal, que está na casa dos vinte e tantos anos. Ao saber que a jovem era violoncelista na Sinfônica de Haifa, Alice perguntou-lhe se havia um homem em sua vida. Michal respondeu que ela havia acabado de romper com seu namorado mais recente. "Ótimo", disse Alice. "Continue assim. Faça sexo, divirta-se, tenha alguém em sua vida, mas não se amarre em um casamento. Valorize sua liberdade e sua música." De fato, sempre que Alice sabe que uma jovem ou uma mulher solteira mais velha tem um namorado, ela dá um conselho não solicitado: "Ah, isso é bom, mas assegure-se de que ele more na casa dele. Você deve vê-lo só quando e se for bom para você. Mantenha sua liberdade, cuide de sua carreira, de sua vida." Spinoza parece estar presente, como uma sombra, sussurrando ao ouvido de Alice e guiando-a. Seu filósofo favorito escreveu que a paixão sexual em geral leva à infelicidade. Ele sentia que, para ser duradouro, o amor deveria basear-se na razão e na amizade e não em paixões descontroladas.

Hoje, Alice segue a profunda diretriz de Spinoza: "Não se lamente; não fique indignado. Compreenda." Ela acredita que a compreensão é a base de todo o aprendizado e o fundamento essencial para a paz – em nosso coração, nossa cidade e em nosso mundo. Antes que a pessoa se apresse em confrontar um vizinho, antes que os soldados corram para a batalha, "não podemos primeiro tentar compreender um ao outro?", ela pergunta. "Desde quando fazer inimigos é uma solução?" Tendo vivido através de tantas guerras, Alice não está sendo ingênua ao falar de compreensão. Ela está ciente de que você não precisa gostar ou concordar com alguém para compreender seu ponto de vista. Ela salienta, "Não fique aí parado chorando. Compreenda".

Para Alice, a filósofa, Spinoza vingou os pensamentos dela em seus muitos volumes sobre a razão. Enquanto encara aqueles que inevitavelmente são os últimos anos de sua vida, ela não desperdiça seu valioso tempo com medo da morte e preocupações quanto ao desconhecido. A morte, para Alice, não é desconhecida. De novo ela aceita o raciocínio de Spinoza de que morte e vida são parte do mesmo infinito, ou Deus. De acordo com Alice, "Nós viemos do Infinito e para ele retornaremos". Ela acrescenta que acredita que "a alma continua viva sem o corpo". Enquanto ouve repetidas vezes a Segunda Sinfonia de Mahler, Alice encontra consolo na canção para solista contralto, *Urlicht* (luz primal), no início do quarto movimento. Talvez *Urlicht* – com suas palavras de abertura, "Eu venho de Deus e para Deus retornarei" –, tenha sempre sido o tema musical espiritual de Alice. Numa citação informal de Spinoza, ela diz, "As coisas são como devem ser. Ainda estou aqui, nunca velha demais, enquanto eu respirar, para imaginar, aprender e, sim, para ensinar. Curiosidade, o interesse pelos outros e, acima de tudo, a música. Isso é a vida".

Capítulo 11

O homem na cabine de vidro

Em uma manhã de abril de 1961, em Jerusalém, de braços dados com sua amiga Edith Steiner-Kraus – a pianista que havia acompanhado muitas das apresentações do Réquiem de Verdi em Theresienstadt – Alice entrou na sala, mantida sob pesada guarda, onde seria aberto o julgamento do nazista Adolf Eichmann, tenente-coronel da SS. As duas mulheres tomaram os assentos reservados para elas. Alice nunca estivera em uma sala de tribunal.

O procurador-geral para o julgamento, Gideon Hausner, procurador-geral do Estado de Israel, convidara-a para assistir aos trabalhos. Ela e Hausner haviam se conhecido por meio da filha dele, uma das mais jovens alunas de piano de Alice. Depois das aulas, Hausner, ele mesmo um notável pianista, com frequência sentava-se com Alice e tocava duetos, por diversão. Embora não fosse um advogado criminalista, Hausner havia redigido a acusação contra Eichmann, acusando-o com agravantes múltiplos de crimes de guerra e crimes contra a humanidade. Golda Meir, então ministra do Exterior, explicou que o julgamento "não era, sob nenhum aspecto,[1] uma questão de vingança [...] mas aqueles que permaneceram vivos – e gerações ainda não nascidas – merecem ao menos que o mundo saiba, em todos os seus horríveis detalhes, o que foi feito aos judeus da Europa e por quem". O prêmio Nobel da Paz Elie Wiesel, um jovem jornalista, cobriu o julgamento para o jornal judaico *The Forward*. Mais tarde, ele escreveu em suas memórias, "Se apenas o acusado[2] pudesse ser declarado irremediavelmente não humano, expelido da espécie humana. Irritava-me pensar em Eichmann como ser humano".

Em Beit Ha'am, um grande auditório temporariamente transformado em corte de justiça para esse julgamento tão peculiar, diante dos três juízes sentava-se Eichmann, no interior de uma cabine de vidro à prova de balas, construída pelos israelenses para protegê-lo contra a ira da multidão. Seria o primeiro julgamento com transmissão via televisão para o mundo todo.

O SS *Obersturmbannführer** Adolf Eichmann era três anos mais jovem que Alice. Sua família alemã comum de classe média frequentara os serviços da igreja luterana todos os domingos. Embora ele nunca tivesse sido mais do que um aluno medíocre, ao final abandonando o ensino médio, Eichmann era conhecido por sua obediência excepcional à autoridade. Fascinado pelo fervor nacionalista dos membros do Partido Nazista, filiou-se a ele em 1932, e quando perdeu seu emprego de operário em uma subsidiária da Standard Oil, encontrou trabalho e uma nova carreira na temida e poderosa SS. Ele era um homem em quem podiam confiar. Eichmann casou-se com uma alemã e viveu por vários anos em Praga, enquanto progredia depressa de sargento a tenente--coronel, e ao topo do Escritório Central para a Imigração Judia. Em 1939, ele voltou a Berlim, onde foi nomeado chefe da Seção IV B4 da Gestapo, ou Assuntos Judeus. A SS descobrira seu talento para a organização e, mais importante, sua ambição em ter êxito, qualquer que fosse a tarefa. Em 1942, Eichmann recebeu o novo cargo de administrador dos transportes da Solução Final para a

---

* Posto da SS que equivale a tenente-coronel. [N. dos T.]

Questão Judia; ele controlava todos os trens e administrava a logística das deportações de judeus em massa através da Europa, para os campos de extermínio de Hitler. Ele planejava a apreensão e o destino das propriedades judias, assegurando-se de que seu escritório se beneficiasse dos lucros. Era Eichmann que decidia, sozinho, quantos, em que sequência, em que país e quando os judeus seriam assassinados.

E Eichmann foi pessoalmente responsável pelo estabelecimento de Theresienstadt como um ponto de parada onde ficavam os judeus que ele enviaria eficientemente para Auschwitz e outros campos de extermínio. Ele fizera mais de uma ronda de inspeção em seu campo-modelo. Paul, o irmão de Alice, membro de uma pequena orquestra que recebeu ordens de apresentar-se para o alto comando nazista, viu Eichmann em sua última visita, no final de 1944.

A inteligência israelense finalmente encontrou Eichmann quinze anos depois da guerra. Ele havia fugido da Alemanha com a ajuda de autoridades da Igreja Católica e morava em Buenos Aires sob um nome falso, Ricardo Klement, com sua esposa Vera e quatro filhos. Um agente do Mossad chamado Peter Malkin ficou observando seus movimentos por vários dias antes de capturá-lo. Vendo-o voltar do trabalho e sentar-se no chão para brincar com o filho mais novo, Malkin achou a cena particularmente perturbadora – era tão comum. Depois que Eichmann foi capturado descendo de um ônibus na volta do trabalho, Malkin passou horas conversando com ele. O agente havia perdido seus pais e muitos outros parentes no Holocausto, e queria saber como um ser humano poderia ter concebido e cometido semelhantes atrocidades. Eichmann não demonstrou qualquer emoção e insistiu em dizer que jamais havia matado ninguém. Era um fato sabido que, perto do fim da guerra, Himmler havia ordenado que as mortes terminassem e que as evidências fossem destruídas.

Enfurecido, Eichmann desafiou as ordens do *Reichsführer** e acelerou as deportações de milhares de judeus húngaros marcados para a morte.

Eichmann afirmou repetidas vezes, "Eu só era responsável[3] pelo transporte". Malkin disse-lhe que seu primo e melhor amigo de infância tinha 6 anos de idade e era loiro de olhos azuis, como o próprio filho de Eichmann, quando o nazista "matou-o em Auschwitz". De acordo com Malkin, Eichmann comentou, "Sim, mas ele era judeu,[4] não era?".

Sem perdão ou arrependimento, Eichmann sustentou a defesa de que era apenas um "transmissor".[5] Mais tarde, Elie Wiesel escreveu, "Eu não podia tirar os olhos[6] do réu, sentado em sua gaiola de vidro fazendo anotações, impassível. Ele parecia totalmente inabalado pela recitação dos crimes contra a humanidade e o povo judeu dos quais ele era acusado. Parecia um homem comum. Contaram-me que ele comia com vontade e dormia normalmente. Considerando a pressão esmagadora do julgamento, ele parecia estar aguentando muito bem." Wiesel prossegue: "O acusado Eichmann falava com tranquilidade, sem medo. Ele citava documentos e números, e não omitia nada – ele estava desesperadamente decidido a salvar o pescoço."

Descrevendo-se como um burocrata que não tinha nenhum poder, Eichmann deu seu testemunho: "Eu nunca fiz nada,[7] grande ou pequeno, sem obter de antemão instruções expressas de Adolf Hitler ou de algum dos meus superiores." Em um dado momento ele chegou a dizer, "Não me arrependo de nada". Durante seu julgamento, ele reconheceu a característica da obediência que seus pais lhe haviam injetado: "Agora que olho para trás,[8] percebo que uma vida calcada em ser obediente e receber ordens é de fato uma vida muito confortável. Viver desse modo reduz ao mínimo a necessidade de pensar."

---

* Posto da SS que equivale a marechal-de-campo. [N. dos T.]

Quando Hausner interrogou o réu, perguntou se ele se considerava culpado do assassinato de milhões de judeus. Eichmann respondeu: "Legalmente, não, mas[9] do ponto de vista humano... sim, pois sou culpado por tê-los deportado."

Alice ouviu os sobreviventes descrevendo horrores inconcebíveis, muito piores do que aquele que ela havia experimentado no gueto de Theresienstadt. Vestido em roupas civis, terno e gravata – ele estava proibido de usar uniforme e condecorações nazistas –, Eichmann parecia friamente arrogante. Alice vasculhou sua face e postura em busca de algum remorso. Mesmo quando Hausner usou como evidência uma citação do próprio Eichmann, afirmando "Saltarei rindo para dentro do túmulo,[10] pois a sensação de ter cinco milhões de seres humanos em minha consciência é, para mim, fonte de extraordinária satisfação", o réu pareceu orgulhoso de seu papel e a forma exemplar como cumpriu seus deveres para com o Terceiro Reich.

A filósofa política Hannah Arendt, ela própria uma refugiada da Alemanha Nazista, que cobriu o julgamento para a revista *The New Yorker*, disse ter achado Eichmann perfeitamente normal, apenas de uma ambição desmedida. A SS oferecia-lhe respeito e poder inimagináveis, que ele não conseguiria na sociedade civil. Explicando a "banalidade do mal",[11] Arendt escreveu: "A triste verdade[12] é que a maior parte do mal é feita por pessoas que nunca se decidem se são boas ou más. [...] O problema com Eichmann era precisamente que tantos eram como ele, e que esses não eram nem pervertidos nem sádicos, eram, e ainda são, assustadoramente normais."

O julgamento durou dezesseis semanas; Alice compareceu apenas alguns dias. Para seu horror, descobriu que sentia pena, não apenas pela vida desperdiçada e destrutiva do homem desalmado na cabine de vidro, mas também por toda a nação alemã. Os alemães haviam dado a Sigmund Freud seu importante prêmio Goethe de literatura em 1930 e, apenas três anos depois, por ele ser judeu, os nazistas haviam marcado seus escritos para serem queimados. Freud fugiu no último momento para a Inglaterra, seu nome juntando-se a uma pequena lista de outros grandes intelectuais judeus que conseguiram escapar: Martin Buber para a Palestina, Albert Einstein e outros para os Estados Unidos.

Alice pensou nas palavras de Goethe memorizadas em sua infância: "O ódio nacional é algo peculiar. É mais forte e mais violento onde a cultura é inferior." O que dera tão errado na cultura refinada das nações de Beethoven, Schiller, Goethe e Zweig, no mundo e nos nos ideais de sua juventude? Alice viria a concordar com Hannah Arendt que "existe uma estranha interdependência[13] entre falta de consideração e o mal". Mais tarde, o filósofo judeu Martin Buber iria equiparar a ascensão do nazismo com um eclipse de Deus.

Mas a fúria intensa da multidão tanto dentro como fora do tribunal, enquanto esperava impaciente que a justiça se fizesse, também perturbava Alice. O que era a justiça? Buber e muitos outros argumentavam contra a pena de morte para Eichmann. Corte alguma no mundo poderia trazer de volta as vidas que haviam sido perdidas. A tristeza invadiu Alice. As palavras de Schiller* inundaram sua mente: "Queres conhecer-te a ti mesmo,[14] olha como agem os outros. Queres compreender os outros, olha em teu próprio coração."

Incapaz de dar voz a seus sentimentos, Alice deixou o tribunal.

Ela passou o resto do dia e da noite em sua forma particular de oração, tocando seu piano. Tocou Bach – que ela denominava o filósofo da música – encontrando a perfeição em seus menores volteios. "Não importa quantos anos faz que você conhece uma obra de Bach, ou quantas horas você praticou, pode sempre tentar alcançar um nível mais elevado. Bach é um universo inteiro. Infinito",

---

* Friedrich Schiller (1759-1805) foi um dos maiores homens de letras alemães do século XVIII. Seu poema expressando a irmandade dos homens, "Ode à Alegria", ficou muito conhecido por ter sido musicado por Beethoven no último movimento de sua Nona Sinfonia. [N. dos T.]

explica. Ela encontrou semelhanças entre a vida, em todos os seus altos e baixos imprevisíveis, e a música dele: suas surpreendentes dissonâncias, que podem estar inseridas *en passant*, rumo à resolução e às vezes quase imperceptíveis, enquanto em outras frases são proclamadas como um breve arroubo de alegria. Além da linguagem falada, além das fronteiras nacionais, além das preocupações mundanas, além do ódio, a música era sua linguagem, a linguagem da humanidade. Bach conduzia Alice a um estado de paz. Mais tarde, ela diria com frequência, "A música nos leva ao paraíso".

Alice está convencida de que não somos geneticamente programados para odiar-nos uns aos outros. Mas ela agora admite que qualquer um, em qualquer lugar, pode a qualquer momento adotar o ódio e, pior, pode infectar os outros com seu veneno. O ódio que pode começar com uma pessoa, como uma única pedra atirada em um lago, pode espalhar-se por grupos cada vez maiores, e mesmo a nações inteiras. O Holocausto terminou com a derrota dos nazistas em 1945, mas Alice salienta que o mundo mudou muito pouco desde então. A metamorfose do preconceito individual em ódio grupal e assassinatos ainda acontece no século XXI. Recordando seu primeiro encontro com o ódio, ainda criança, quando um desconhecido a chamou de "judia suja", Alice reitera, "Cada indivíduo pode escolher o bem ou o mal. Depende de nós, de cada um de nós". Ela pensa no famoso compositor protestante Max Bruch, que, ao ser criticado por usar insultos racistas, respondeu, "Eu só disse o que todo mundo[15] estava dizendo".

Alice nunca cansa de observar: "Somos responsáveis por nossas ações e nossas palavras. E cada um de nós deve guardar-se atentamente contra o preconceito e o ódio em nossa mente e com as palavras que caem de nossos lábios. Ninguém está isento. Ninguém. Hitler não teria chegado ao poder exceto num clima de ódio excessivo."

Suas palavras podem parecer simplistas, mas a verdade mais profunda subjacente é inquestionável. "O ódio apenas gera ódio."

Capítulo 12

Nem uma palavra áspera

"Como pode qualquer mulher ser infeliz depois de ter visto o primeiro sorriso de seu bebê? É um milagre. O nascimento do meu filho foi o dia mais feliz da minha vida. Meu momento mais maravilhoso foi quando o vi sorrir pela primeira vez." A filósofa Alice acrescenta: "Ele estava feliz porque não conhecia a infelicidade. Ele não almejava coisas de que não precisava. Posso dizer que poder criar meu filho foi, para mim, o maior privilégio." Embora Hitler tivesse se tornado chanceler da Alemanha quatro anos antes de Rafi nascer, em 1937, Alice estava determinada a, enquanto vivesse, ser forte por seu filho. "O amor da mãe é a única fortaleza de uma criança contra o mundo, aconteça o que acontecer," diz.

Quando bebê, Rafi dormia tranquilo enquanto Alice praticava. Aos 3 anos de idade, ele movia os dedinhos, imitando as mãos da mãe. Um dia, estava compenetrado tocando seu piano imaginário enquanto Alice ensaiava canções de Schumann com um cantor, quando de repente o garoto começou a chorar.

– Que foi? O que aconteceu? – perguntou Alice, pegando-o no colo.

Soluçando, ele respondeu:

– A música é tão linda.

Pelo resto do ensaio, Rafi ficou quietinho entre os braços da mãe enquanto ela tocava. Naquela noite, Alice contou ao marido o que havia acontecido. "Nosso filho tem talento", anunciou a Leopold.

Naquela época, a maioria dos pais tradicionais europeus acreditava na disciplina estrita, até mesmo dura, para seus filhos. Alice era diferente. Ela aceitava seu filho sensível como um ser humano pleno. Desde o princípio, Alice tinha consciência de que o tom de voz e cada palavra que ela pronunciasse poderiam influenciar o filho em seu crescimento.

Logo depois do sétimo aniversário de Rafi, Alice passou a cuidar sozinha dele, quando Leopold foi enviado para Auschwitz. Até o término da guerra, ela criou o filho no campo de concentração de Theresienstadt, cercada de imundície, doenças e morte. "A coisa mais difícil para mim era ouvir meu filho chorando de fome e não ter nada, nada, para lhe dar", recorda-se ela. "Era algo terrível. E as perguntas dele. Como deveria eu responder? Rafi perguntava o tempo todo, 'O que é a guerra?' 'Por que não podemos ir para casa?' 'O que é um judeu?' 'Por que somos judeus?'"

Rafi tinha apenas 6 anos quando chegaram a Theresienstadt, e Alice foi autorizada a mantê-lo no alojamento feminino. Dormiam juntos em um beliche estreito de madeira. À medida que os dias se transformaram em meses, Alice reconheceu aquela imensa bênção. "Quando você segura uma criança contra si, o calor de seu corpo a faz sentir-se segura." Essa verdade, ela explica, independe das circunstâncias, mas em Theresienstadt era fundamental para o bem-estar de seu filho. Depois da guerra, quando Alice leu a filosofia de Martin Buber, as palavras dele reafirmaram o que ela acreditava: "O mundo não é compreensível, mas é abraçável: isso por meio do abraço de um de seus seres." Depois da deportação de Leopold para Auschwitz, Rafi constantemente externava seu medo permanente: "Agora que papai se foi, se levarem você embora vou ficar sozinho neste mundo." "Sozinho neste mundo", ela repete. "Como aquele garotinho tinha a concepção de um mundo maior?" Ela garantia a Rafi que jamais o deixaria, e ao reconfortar o filho, intensificava sua determinação em sobreviver. Proteger Rafi tornara-se sua missão. "Eu inventava histórias o tempo todo. Eu ria. Nunca deixei meu filho ver meu medo ou minha preocupação. E não havia lugar para lágrimas em um campo de concentração. Rir era nosso único remédio."

Quando Alice e Rafi chegaram a Theresienstadt, em 1943, soldados armados com metralhadoras guardavam os portões. Por sorte o guarda nazista não entendia tcheco, pois Rafi proclamou, com sua voz mais alta, "Mamãe, eu não gosto daqui. Quero voltar para casa". A partir daquele momento, Alice inventou contos de fadas e histórias para amenizar a ansiedade dele e passar o tempo. Ela pedia que ele imaginasse que estavam encenando uma peça. A feiticeira má os havia forçado a tomarem o trem errado e eles estavam esperando os soldados do bem virem resgatá-los. Quando Rafi via sua mãe sorrir, e até rir em meio a tudo aquilo, ele só podia pensar que as coisas não podiam ser tão ruins. Quando tomavam a sopa aguada que era servida tanto no almoço quanto na janta, Alice contava a história do banquete de um rei onde lhes serviam tudo o que pudessem comer. Rafi a imitava, e fingia estar comendo montes de batatas e seus chocolates prediletos.

Mas Rafi também estava cheio da ousada energia infantil. Para salvar-lhe a vida, Alice conseguiu discipliná-lo argumentando, não punindo. "Dar instruções a seu filho num tom sério é muito diferente de usar palavras com tom raivoso", explica ela. Para Alice, as palavras ásperas transmitem uma mensagem de desdém e falta de afeto. Para sobreviver, "uma criança não deve nunca, nunca, duvidar do seu amor".

Quando Rafi foi convidado para o papel de pardal em *Brundibár*, o regente, Rudi Freudenfeld, ficou surpreso com a rapidez e a perfeição tonal com que ele aprendeu seu solo. Trabalhando na fábrica, Alice não podia supervisioná-lo durante os ensaios, de modo que a tarefa de cuidar do garoto travesso recaiu sobre Ela Weissberger, de 14 anos, que cantava o papel do gato – e vários de seus amigos. Mas Rafi nunca errou seu momento de cantar, e nunca errou uma nota.

Depois da guerra, Alice recusou-se a falar, a quem quer que fosse, sobre seus dias no campo de concentração, pois ela temia que Rafi ouvisse a conversa, e ela queria que ele esquecesse aqueles anos horrendos. Anos depois, quando Rafi, já adulto, voltou a ter contato com Ela, perguntou-lhe: "Diga-me como eu era em *Brundibár*. Não me lembro de nada."

Rafi aprendeu com o exemplo, e nunca usou palavras ásperas com sua mãe. Em Israel, ele se adaptou depressa ao novo lar e à nova cultura. Destacou-se na escola e absorveu o hebraico como uma esponja, e estava sempre interessado no mundo à sua volta. Alice nunca precisava dizer-lhe para fazer o dever de casa ou praticar. Devido aos horários de trabalho da mãe, ele passava muitas horas sozinho, e aprendeu não apenas a aceitar a solidão, mas a desfrutá-la. Quando decidiu que queria ter um *Bar Mitzvah*, ele trabalhou duro com seu tutor, e foi recompensado com uma bicicleta nova e reluzente.

Até sair de casa para o serviço militar, Rafi começava seus dias, antes da escola, com uma hora de aula de piano com a mãe. Ele também estudava violoncelo na Academia de Música de Jerusalém. De acordo com Alice, "Ele era um excelente pianista, excelente". Ela adora contar como ele deixou admirados os colegas quando, mal chegado aos 10 anos, tocou não apenas uma mas duas sonatas de Beethoven em um programa da escola. Mas ele se sentia mais atraído para a voz profunda do violoncelo. Seu progresso com esse instrumento foi tão rápido que, quando ainda estava no ensino médio, era capaz de tocar boa parte do repertório mais difícil.

O ano da sorte de Rafi foi 1954. O renomado violoncelista francês Paul Tortelier, um católico, sentiu o desejo de viver, ao menos temporariamente, em um *kibbutz* com a esposa, dois filhos, dois alunos, a mãe e uma irmã. Quando Tortelier deu um concerto em Israel, Vera Stern, esposa do violinista Isaac Stern, sugeriu-lhe que visitassem seu *kibbutz* favorito, Ma'abarot, perto de Netanya, entre Tel Aviv e Haifa. Tortelier e sua esposa, Maud, apaixonaram--se pela beleza e tranquilidade do *kibbutz*, enquanto os ideais da nova nação israelense exerciam uma atração poderosa sobre eles. Não apenas ele queria de alguma forma ajudar a construir o país, como cancelou todo um ano de concertos para trabalhar sem remuneração colhendo *grapefruits* e bananas nas plantações do *kibbutz* e servindo o jantar uma vez por semana. E, claro, ele continuou a lecionar. Tortelier depois descreveria a experiência em sua autobiografia: "Passamos a ter uma vida simples:[1] apenas amor e trabalho [...] o homem que coletava o lixo tinha o mesmo *status* de um professor de ciência. Todos usavam as mesmas roupas, comiam a mesma comida e eram tratados igualmente. Para alguém como eu [...] tal vida é ideal. [...] Você tem tudo o que precisa porque [...] você não precisa de tanta coisa na vida. Adquirimos grande quantidade de coisas desnecessárias, por medo, tentação ou hábito. [...] Era maravilhosa a experiência [...] do contato radiante entre pessoas que dividiam todos os dias a mesmo amor pela natureza, pelo trabalho e pela beleza, em igualdade e simplicidade completas."

O professor de violoncelo de Rafi conseguiu-lhe uma audição. Encorajado pela mãe, Rafi viajou duas horas de ônibus por estradas de terra para tocar para o grande violoncelista, que no mesmo instante ficou fascinado pelo talento e musicalidade do jovem. Depois de uma aula teste com ele, Tortelier aconselhou Rafi a completar o ensino médio em Jerusalém e então ir para a França, para estudar com ele no Conservatório de Paris. Tortelier também prometeu-lhe uma bolsa.

Rafi recebeu a bolsa do conservatório em 1958. Mas ele e Alice defrontaram-se com um desafio interessante. Como iriam comunicar-se? As ligações telefônicas eram muito caras. Embora Alice falasse hebraico, ela conseguia ler e escrever o idioma apenas em um nível muito rudimentar. Rafi não escrevia nem tcheco nem alemão. Decidiram que seria melhor que escrevessem um ao outro em hebraico. Mais uma vez Alice começou a estudar o idioma, e tornou-se mais fluente a cada uma das muitas cartas que escrevia ao filho.

Rafi formou-se no conservatório quatro anos depois, com um cobiçado primeiro lugar.

Nos anos seguintes, ele venceu muitos concursos, incluindo o Prêmio Artístico Piatigorsky, em Boston, o segundo lugar no Concurso Internacional de Violoncelo de Munique, em 1963, e o primeiro lugar no concurso de 1965 em Santiago de Compostela. Com todos os concertos que se seguiram, sua carreira internacional estava lançada.

A estabilidade chegou para Rafi com o convite para ocupar a chefia do departamento de violoncelo do Royal Northern College of Music, em Manchester, Inglaterra, onde ele permaneceu por 22 anos. Ele também regeu a Primeira Orquestra de Câmara no Royal College of Music, em Londres, onde ele estabeleceu domicílio pelo resto da vida; além disso, ele e a esposa Geneviève fundaram um festival anual de verão de música de câmara em Gex, no interior da França, onde eles tinham uma segunda residência. No final dos anos 1960 e início dos 1970, Alice costumava viajar com Rafi, para fazer seu acompanhamento ao piano. Juntos, deram concertos de piano e violoncelo pela Europa, aventurando-se ainda pelos Estados Unidos e América do Sul. Nesse meio-tempo, ele continuava a receber prêmios e honrarias, incluindo o Grosser Sudetendeutscher Kulturpreis 2000, em Nuremberg, e o mais elevado reconhecimento a um músico na Inglaterra, pela rainha-mãe, que o tornou um Membro Honorável do Royal College of Music. Mas a recompensa mais significativa pode ter sido uma que não lhe foi dada;

seu legado como professor foi honrado quando um de seus alunos ganhou o segundo lugar do Concurso Internacional Rostropovitch de Violoncelo.

Por maiores que fossem as alturas que atingisse como violoncelista, porém, Rafi seria para sempre grato a seu próprio professor, mentor e amigo Paul Tortelier. Em 2000, Rafi organizou um concerto memorial no Wigmore Hall, em Londres, em honra ao grande violoncelista, que morreu em 1990 na vila de Villarceaux, perto de Paris. Este foi o último grande projeto de Rafi, que viria a falecer apenas um ano depois. O idealismo de Tortelier na música e na vida não apenas influenciaram a arte de Rafi, mas reforçaram as fundações construídas sobre a música e os princípios morais de sua mãe. Tortelier, que aliás nascera no dia do aniversário de Bach, 21 de março, compartilhara com Alice a crença na força daquele compositor. Ele escreveu: "A arte de Johann Sebastian Bach[2] representa a mais elevada realização da humanidade: é soberana [...] assim como o conceito de paz universal. Devemos trabalhar juntos contra o perigo da guerra nuclear se queremos que nossos netos possam ouvir a música de Bach."

Quando Alice soube que Rafi estava noivo de uma jovem pianista, Sylvie Ott, que ele conhecera no Conservatório de Paris, ficou encantada em poder receber a nora em sua família. Quando eles lhe deram dois belos netos, David e Ariel, Alice ficou nas nuvens. Alguns anos depois, porém, Alice notou que, de um modo geral, seu filho parecia infeliz. Ele e Sylvie tinham brigas amargas por coisas insignificantes. Embora eles não reclamassem ou falassem de seus problemas, Alice não pôde evitar sentir um fundo de hostilidade e uma distância cada vez maior entre eles. Um dia, quando estavam sentados ao redor da mesa da cozinha em Londres, Alice olhou-os direto nos olhos e disse, "Vocês dois são pessoas maravilhosas, mas estão infelizes juntos. Não faz sentido continuarem assim, e além do mais o clima é ruim para as crianças". Rafi e Sylvia entreolharam-se espantados. Não podiam acreditar que a avó de seus filhos lhes sugerir separação.

– Está dizendo que devíamos nos divorciar? – perguntou Rafi.

– Acho que vocês têm pouca escolha – Alice respondeu.

– Mas não temos como pagar um advogado – ele protestou.

– Por que precisam de um advogado? Vocês dois são pessoas equilibradas. Vamos fazer isso agora. Eu vou ser o advogado de vocês.

Alice pegou caneta e papel e, seguindo as sugestões deles, começou a rascunhar um acordo que satisfizesse aos dois.

A reunião familiar informal resultou em um divórcio rápido, justo e amigável. Para reforçar seu apoio imparcial ao filho e à nora, Alice pagou as taxas para preparar os papéis para a aprovação judicial. Não apenas o jovem casal evitou a amargura e os custos de um confronto de advogados como a diplomacia de Alice estendeu-se futuro afora. Hoje, dez anos depois da morte de Raphaël e vinte anos após seu divórcio, Sylvia continua a ligar para saber como Alice está.

Ao falar sobre o divórcio do filho, Alice diz: "Por que deveria ser tão cheio de ódio, tão complicado? Quando se casaram, meu filho e sua esposa cometeram um erro juvenil. Nenhum rabino, padre ou juiz pode garantir que um casamento possa ou deva durar para sempre. A vida deles juntos estava ficando mais e mais infeliz, pois cada um queria ou precisava de algo diferente do casamento. O divórcio foi simplesmente a solução lógica. E foi melhor para os dois garotinhos deles do que crescer diante do exemplo de descontentamento dos pais em casa. Bom senso, foi apenas bom senso."

Fechando os olhos por um instante para pensar, Alice continua: "Agora que já vivi o suficiente para ver meus netos crescerem, e agora que ambas as esposas de Rafi são mulheres mais velhas, sei que foi a decisão acertada. Sim, estou orgulhosa disso. A maioria das pessoas diz que você nunca deve interferir na vida de seus filhos. Mas às vezes eles precisam de sua ajuda, um empurrãozinho... *Ja*, seu filho é sempre seu filho."

Perto do fim da vida, Rafi escreveu um pequeno testemunho, no qual descrevia seu compromisso com a arte. Alice memorizou as palavras, que ela com frequência cita em voz alta: "Não tenho a ambição de ser o melhor, de modo algum. Quero mostrar às pessoas a grande beleza da música. Um dos maiores prazeres da música é fazer outras pessoas ouvi-la; sentir, por apenas um momento, uma pequena fração de um mundo ideal onde tudo é bom e bonito [...] A música é uma bênção. A música nos traz uma ilha de paz." Descrevendo-o já adulto, Alice diz do filho: "Ele quase nunca usava o pronome 'eu'. Depois de crescer, ele não falava muito, mas ao fazê-lo você o ouvia. Meu filho não era ambicioso ou ciumento. Era generoso ao elogiar os outros."

Alice descreve a noite em que Rafi morreu, depois de dar um concerto em Israel. "Naquela noite, ele tocou com seu Trio Salomon um concerto maravilhoso, só Beethoven. Ele estava feliz. Depois do concerto, disse aos amigos que não se sentia bem, e eles o levaram ao hospital." Alice explica que ele foi diagnosticado com um aneurisma ilíaco. Deram-lhe anestesia, pois os médicos tiveram de operá-lo para tentar salvar sua vida. "Ele nunca mais acordou", conta Alice. "Sou grata por ele não ter sofrido. Seu último dia foi lindo. Sou grata por suas últimas lembranças terem sido de música. Sou grata por ele não ter sabido que morreria e não ter tido que sentir medo."

Receber a notícia da morte do filho em 13 de novembro de 2001, apenas treze dias antes de ela completar 98 anos foi o maior desafio de sua vida. Os amigos e familiares ficaram preocupados. Como poderia ela sobreviver ao mais cruel dos golpes? Mas Alice deu um exemplo formidável ao aceitar, com amor e dignidade, o que não poderia mudar. Ela estava preocupada pelos outros – por Geneviève e os netos.

A cerimônia fúnebre de Rafi foi composta principalmente de música, como havia sido sua vida. Algumas pessoas falaram poucas palavras e então vários amigos e colegas sentaram-se com seus violoncelos ao redor do túmulo aberto e tocaram. Quase todo mês Alice visita o túmulo de Rafi, apoiada ao braço de seu neto Ariel. A lápide simples está entalhada em hebraico. Indagada se acredita em orações, Alice responde: "Sim, elas nos ajudam em crises, quando mais necessitamos." Mas ela nunca se entrega à autopiedade. "Afinal de contas, não sou a única mãe que perdeu o filho. Talvez eu consiga forças da grande pianista Clara Schumann, que perdeu dois de seus filhos, Felix e Julia, cem anos antes de mim. A música a fez seguir em frente até que fechou os olhos pela última vez."

Alice pensa na morte prematura de Rafi e admite que fica feliz por ele não ter de enfrentar os pesares e as dores da velhice. Olhando ao redor de si, para as muitas fotos dele, ela diz que as imagens fazem-na recordar-se de que ele está morto. "Veja aquela pintura dele com o violoncelo. É linda, mas é a pintura de um homem que não existe mais." Colocando um vídeo em seu videocassete, Alice sorri e diz, "Agora ele está vivo". Ela assiste a uma apresentação de Rafi regendo *Brundibár* com a orquestra Jeunesse Musicale, em uma turnê internacional. "A tecnologia é espantosa. Meu filho está morto, mas aqui está ele, vivo, tocando uma música maravilhosa para nós. Quem sabe, algum dia, com a tecnologia talvez não haja mais morte." Alice não se recorda de uma única troca de palavras ásperas entre eles. Tendo como música de fundo a gravação de Rafi executando a Segunda Sonata para Violoncelo de Bohuslav Martinů,* Alice diz, os olhos cerrados, "A única vez que meu filho me fez sofrer foi quando morreu".

---

* Bohuslav Martinů (1890-1950), um dos principais compositores tchecos do século XX, emigrou para Paris em 1923, onde sua música se tornou mais experimental, e de lá para os Estados Unidos, em 1941. Retornou à Europa em 1956 e viveu seus últimos anos na Suíça. [N. dos T.]

Capítulo 13

Primeiro voo

Alice ainda se lembra com carinho da primeira vez que andou de automóvel, com seu pai aventureiro. Ele foi um dos primeiros em Praga a comprar um carro e usá-lo em seu negócio. Na época em que Alice se casou, os carros ainda eram um luxo na Tchecoslováquia. Seu sobrinho Chaim Adler recorda um passeio de carro, ainda garoto, com seu tio Leopold, recém--casado com Alice. Leopold às vezes o deixava dirigir em estradas rurais próximas, enquanto procuravam locais ideais para colher cogumelos ou fazer piqueniques.

O voo inaugural de Alice foi em 1959 ou 1960, quando viajou em um avião quadrimotor da Air France, de Tel Aviv a Paris, para visitar seu filho no Conservatório de Paris. Ao falar de sua primeira aventura aérea, Alice relembra a mágica que hoje se tornou tão comum para tantos de nós: o modo como o avião elevou-se no ar como uma ave, a suavidade do voo, e a emoção que ela sentiu, viajando entre as nuvens flutuantes – e até a emoção da turbulência. Para Alice, a viagem aérea significava a possibilidade de visitar lugares do mundo que ela só conhecia dos livros. À medida que as viagens aéreas encolhiam as distâncias entre continentes, Alice tinha esperanças de que a ideia de que toda a humanidade pertencia a uma única família estivesse se tornando realidade. "Quem sabe um dia seremos inteligentes o suficiente para vivermos juntos em paz", diz.

Embora a televisão tivesse sido introduzida na Tchecoslováquia em 1948, Alice não teve a chance de ver uma lá. Sua apresentação à televisão foi em 1966, quando ela se tornou disponível em Israel. E, quase como uma criança, ela continua a maravilhar-se com a tecnologia que tomamos como garantida – que ela possa ver pessoas do passado como se estivessem vivas, ou assistir a algo que está acontecendo naquele instante na China ou em Nova York, enquanto está sentada diante de seu televisor em Londres.

De todas as primeiras vezes de Alice, porém, a primeira vez que ela decidiu abandonar sua terra natal e ir para Israel foi a mais aventureira e, de certa forma, a mais corajosa. O país adequava-se à personalidade de Alice a despeito de seus desafios. Com suas inclinações socialistas, seu idealismo e sua rejeição a valores materiais, Israel era o novo lar ideal. Sua independência foi respeitada pelos homens e mulheres israelenses, que trabalhavam juntos como iguais, na política e na guerra, para trazer à existência sua nação. Religião, nacionalidade e tolerância cultural estavam entranhadas no tecido de sua democracia. Como Chaim Adler observou, "Era muito mais fácil ser um judeu secular em Israel do que em Nova York ou em qualquer cidade europeia". E muitos dos imigrantes recentes eram refugiados europeus, como Alice.

Alice também descobriu que os israelenses a compreendiam. Eles respeitavam seus artistas, grandes e pequenos; eles haviam construído seu país com base no intelecto e na música. Em gratidão, Alice jurou usar toda sua experiência e conhecimento como musicista e professora para ajudar a expandir, proteger e compartilhar com as gerações futuras a cultura de sua tradição.

Em 14 de maio de 1948, enquanto Alice ainda estava em Praga, Israel declarou sua independência em uma cerimônia digna e comovente em Tel Aviv. Cerca de duzentos convidados reuniram-se às 16 horas, no Museu de Arte de Tel Aviv, situado no Boulevard Rothschild e todo decorado com flores. Um grande retrato de Theodor Herzl pendia detrás de uma mesa com treze cadeiras arrumadas para os membros do governo provisório. A Orquestra Filarmônica da Palestina, acomodada no balcão, tocava o novo hino nacional, "Hatikvah" (A Esperança), baseado na mesma melodia folclórica de "O Moldávia", de Bedrich Smetana. Um a um, os membros do novo governo assinaram a Proclamação da Independência, e no encerramento, o primeiro-ministro David Ben-Gurion bateu o martelo. "O Estado de Israel está estabelecido.[1] Este encontro está encerrado."

Em sua autobiografia, Golda Meir escreveu que foi incapaz de parar de chorar durante toda a cerimônia. "O Estado de Israel! [...] e eu,[2] Golda Mabovitch Meyerson, vivi para ver esse dia." Enquanto Ben-Gurion lia as palavras que explicavam as diretrizes para o novo país – "O Estado de Israel estará aberto[3] à imigração judaica e à entrada de exilados" – ela soluçava alto, pensando em todas as vidas que poderiam ter sido salvas e naqueles ausentes da cerimônia.

Durante a primeira Conferência Sionista, acontecida meio século antes e seis anos antes do nascimento de Alice, na Basileia, Suíça, um jornalista vienense, Theodor Herzl, escreveu em seu diário: "Na Basileia, fundei[4] o Estado judeu. Se eu dissesse isso hoje, seria recebido com risos." Confiante em sua crença, ele escreveu: "Em cinco anos,[5] talvez, e com certeza em cinquenta, todos verão." O trabalho de Herzl por uma pátria judaica tinha raízes em sua cobertura do julgamento do capitão Alfred Dreyfus, um oficial do exército francês, um homem inocente que foi condenado por traição e sentenciado à morte por conta do antissemitismo francês. Depois de doze amargos anos de dizimação dos judeus europeus pelos nazistas, e a batalha pela independência de Israel numa guerra contra os britânicos, a previsão de Herzl havia, por fim, tornado-se realidade, embora ele não estivesse vivo para ver.

Quando Alice e Rafi chegaram ao porto de Haifa, o Estado de Israel celebrava seu primeiro aniversário. A primeira coisa que chamou a atenção dela foram os estimulantes contrastes de Jerusalém: a beleza da cidade antiga, com seus camelos e carroças de jumentos, e paisagens e sons da vida do século XX, de restaurantes e vida noturna à fumaça nociva criada por carros e caminhões. Mais significativos eram os sons de Beethoven e Mozart flutuando nas ruas, a partir das janelas de escolas e apartamentos.

Alice ainda se recorda da primeira vez que ouviu o futuro regente de fama mundial, Daniel Barenboim, então com 10 anos, tocar todas as sonatas para piano de Mozart, na pequena sala de concertos da academia de música, pouco depois de ele ter emigrado da Argentina com seus pais. Alice se sente privilegiada por tê-lo conhecido quando criança e sorri ao falar dele: "Muito incomum... um gênio absoluto." Ela é rápida em lembrar que, mesmo após tantas décadas, Danny teve tempo para visitá-la em Londres, no início de 2002, depois de saber da morte de Rafi. "Ele e meu filho eram muito amigos. Falamos sobre a paz. Ele é um idealista." Barenboim e seu falecido amigo Edward Said, escritor e professor da Columbia University, fundaram a Orquestra West-Eastern Divan, formada por músicos israelenses e palestinos, bem como de outros países árabes. De acordo com Barenboim, ele concebeu a orquestra como um projeto contra a ignorância. Diz ele: "É absolutamente essencial[6] que as pessoas conheçam-se umas às outras, que entendam o que o outro pensa e sente, sem necessariamente ter de concordar."

Barenboim, assim como Alice, acredita que os palestinos e os israelenses podem viver juntos, e que fazer música juntos é um caminho para a paz. Com pouco dinheiro para o aluguel, nos primeiros anos Alice dividiu a cozinha e o banheiro de seu apartamento em Israel com uma família árabe. Quando ela estava trabalhando de noite ou nos finais de semana, davam comida a seu filho e tomavam conta dele. Transformar "inimigos" em amigos era um dos compromissos mais firmes de Alice. Ela tem esperança nos novos esforços de paz. "Devemos encontrar um modo de parar a matança", ela diz.

Alice chegou a Israel já com 46 anos, e desconhecida no país como concertista. De acordo com críticos da época, incluindo Max Brod, que a ouvira tocar com orquestras na Europa antes da guerra, e também depois em Israel, ela era uma grande artista. Era uma pianista sensível, que produzia um tom quente, maravilhoso, e tocava com um ritmo delicioso e emotivo. Com sua obediência às instruções do compositor, dizia-se que a execução de Alice fazia lembrar as tradições de Myra Hess e Mieczysław Horszowski. "Sou uma pessoa muito simples. E toco com simplicidade, sem exagero", ela diz. Ainda em forma, ela poderia ter sido convidada para tocar com a Filarmônica de Israel, o que provavelmente lhe teria dado reconhecimento internacional. De fato, vários de seus colegas de cativeiro em Theresienstadt tiveram carreiras de sucesso depois da guerra. Após ser nomeado regente da Filarmônica Tcheca, Karel Ančerl conduziu a Sinfônica de Toronto, enquanto Karel Berman, com sua potente voz de baixo, desfrutou de uma importante carreira na Europa Oriental, apresentando-se tanto com a Filarmônica Tcheca quanto com a Ópera de Praga.

Mas as carreiras na música são em geral forjadas durante a juventude, pelos artistas ambiciosos. Alice era de fato uma artista, no sentido de que havia continuado a praticar cinco ou seis horas por dia, polindo seu repertório tivesse ou não um concerto pago. Como ela diz: "Eu trabalhava para meu crítico interior. Nunca me preocupei com o que os outros pensavam." Chaim Adler supõe que, se Alice tivesse ficado por trás da Cortina de Ferro, em Praga, teria continuado a tocar com a Filarmônica Tcheca e provavelmente teria sido convidada para turnês pelos países do Bloco Oriental. "Alice com certeza era uma das melhores pianistas da Tchecoslováquia", diz seu sobrinho. Tudo o que teria sido necessário para que fosse descoberta e divulgada por um agente internacional, creem seus amigos, teria sido um artigo ou dois sobre seu passado, em jornais estadunidenses ou britânicos, e recitais bem-sucedidos em Nova York e Londres. Mas Alice não tinha interesse em explorar a tragédia para ganho pessoal; a maioria das pessoas que a ouviu tocando nunca soube que ela era uma refugiada de um campo de concentração.

A vida e as expectativas haviam mudado para Alice quando ela chegou a Israel. Na solidão, ela podia perguntar-se por que tamanha tragédia havia-se abatido não apenas sobre sua família, mas sobre o povo judeu. E então ela se maravilhava com o milagre de Israel e a esperança que o país oferecia aos refugiados. O poeta tcheco Rainer Maria Rilke tentara explicar que a sabedoria não presume – sabedoria é não saber as respostas esquivas mas encarar sem medo as perguntas. "Seja paciente com tudo[7] o que não está resolvido em seu coração e tente amar as *próprias perguntas* como quartos trancados e como livros que estão escritos em língua estrangeira." Ele prosseguiu: "Talvez então você vá aos poucos, sem perceber, conviver em algum dia longínquo com a resposta."

A aceitação das perguntas por Alice – sua curiosidade e abertura a experiências novas e diferentes – é a principal responsável por sua paz interior e sua felicidade contagiante e juvenil. Desde seus destemidos primeiros voos, Alice nunca parou de observar, questionar ou aprender com o que cada dia traz – para além de livros e titulações. Essa, para ela, é a mais alta forma de educação.

Capítulo 14

Alice, a professora

"Eu não queria que ninguém sentisse pena de mim", diz Alice. "Desde meu primeiro dia na academia de música, mantive silêncio sobre meu passado. Eu não queria nenhum privilégio especial por ser uma refugiada. Ninguém sabia que eu havia sobrevivido a um campo de concentração. Meus alunos e suas famílias não precisavam ser incomodados com aquela parte do meu passado."

Alice não era uma professora de piano comum. Ela se lançou ao trabalho na Academia, em Jerusalém, com o mesmo entusiasmo, tolerância, prazer e amor com que ela fazia tudo o mais em sua vida. Ela se lembra: "Era tão fascinante, porque eu tinha o novo desafio de ensinar alunos avançados a tocar o repertório mais difícil de um pianista; não era como dar aulas a iniciantes em Praga. Tive de aprender como ensinar a todos os níveis de alunos, que falavam muitos idiomas diferentes." Alice ficou conhecida como uma professora exigente mas justa. Ela esperava de todos o mais alto nível de qualidade. Mas vários alunos dizem que seu sorriso eterno lhes ensinou tanto quanto suas palavras. Mesmo quando as nuances da língua hebraica a confundiam, os alunos conseguiam entender com facilidade o significado emocional do que ela tentava transmitir.

Alguns alunos de famílias árabes procuraram-na para ter aulas com ela, e Alice recorda-se com afeição de uma em particular, Killes. Hoje também professora, Killes visitou Alice em Londres quatro anos atrás, e trouxe seus cadernos de aluna de cinquenta anos antes; queria mostrar à antiga mestra que tinha escrito cada palavra, cada instrução que Alice dera durante as aulas. Ela disse a Alice: "Eu queria que soubesse que seu método é o método que uso hoje. Quando tenho alguma dificuldade com um aluno, eu reviso o que você disse. Por isso, Alice, você ainda é minha professora."

Alice não deixou que Killes se fosse sem tocar para ela. Killes ficou um pouco nervosa. Então olhou nos olhos encorajadores de Alice e decidiu tentar uma das últimas peças que estudara com Alice antes de sua formatura na academia, a translúcida *L'Isle Joyeuse* (*A Ilha Alegre*), de Debussy. Depois, Alice lhe disse: "Estou tão orgulhosa de você." Killes conta, "As palavras dela me deixaram nas nuvens".

Sua ex-aluna Lea Nieman, quando indagada sobre Alice, responde: "Eu ainda posso sentir o cheiro daquelas maçãs. Ela era tão ocupada que não tinha tempo para comer. Alice sempre trazia maçãs na bolsa – tão frescas que ainda tinham folhas verdes no talo – e quando sentia fome comia uma no meio da aula. Quando ela abria a porta de seu estúdio para mim, a sala acolhedora estava perfumada com o odor da fruta recém-colhida. Depois da aula, ela perguntava se eu estava com fome, colocava uma maçã em minha mão e se despedia de mim. Ela era o tipo de mãe postiça que os alunos de música amam."

"Alice é um fenômeno", afirma Nurit Vashkal Linder, empolgada. "Ela tinha tanta energia, tanta generosidade. E ela nunca deixava que você fosse embora do estúdio sem ganhar algo, uma peça musical, um doce, um lápis. Mas o mais importante, quando você tinha dificuldade em aprender um trecho, ela tinha uma paciência enorme. Se Alice tinha um relógio, ele era invisível. Minha aula durava quanto fosse necessário. Quando eu estava particularmente bem preparada, a aula era mais longa. Ela era, e é, minha professora mais inesquecível. Eu uso meu conhecimento de música em tudo o que faço e no dia a dia."

Nurit faz viagens a Londres especialmente para visitar Alice. "E ela ainda insiste em me dar alguma coisa antes que eu vá embora", diz. "Da última vez que a vi, tínhamos passado a manhã toda juntas, e quando a campainha tocou já era uma da tarde. Era a entrega diária das refeições de Alice. Apanhei a bolsa para ir embora, mas Alice insistiu que eu ficasse para o almoço, e já foi tirando dois pratos e dois garfos, e começou a dividir a refeição – um pedaço de algum tipo de carne, coberto de molho, mais ou menos duas colheres de purê de batatas e talvez umas sete vagens. Não era suficiente nem para uma pessoa com apetite normal. Alice insistiu tanto que enchi com água dois copos pequenos e nos sentamos juntas. Então Alice comeu uma garfada e declarou 'Maravilhoso'. Demorei um instante para perceber que ela se referia a estarmos comendo juntas, e não à comida."

Nurit liga de Israel para Alice toda semana. "Tento ser útil, e Alice adora falar hebraico", relata. "Ela era uma professora muito rígida, a despeito de sua paciência. Seus padrões eram muito elevados. Sempre me entristecia desapontá-la. Ela se empenhava tanto comigo."

Como professora, Alice se inspira nos grandes compositores; embora sejam de outra época, distante, há décadas ela investe tempo explorando seus pensamentos e motivações. "Meus pais nos incutiram uma educação moral pelo exemplo", afirma. Ela gosta de citar Beethoven, que pouco tinha para chamar de seu, mas fazia de tudo para ajudar onde a ajuda fosse necessária. Ainda que mal pudesse pagar sua própria conta de hotel, uma vez ele organizou um concerto beneficente no Grande Hotel Pupp, em Carlsbad, Tchecoslováquia, para um compositor desconhecido que estava passando dificuldades.

Alice fala de Beethoven constantemente; ela admira sua genialidade. "Quando fui ficando mais velha, passei a admirar mais e mais a profundidade de Beethoven", revela. Ele criou uma nova música, ditada por seu talento destemido, rompendo, quando necessário, os vínculos com as regras estabelecidas. Beethoven foi o primeiro músico a chamar a si próprio de artista e viver de seu trabalho, sem depender de ninguém. Ele buscava um sentido na vida, e mantinha um caderno de citações filosóficas onde buscava inspiração. Sua compreensão das emoções humanas expressava-se através de música atemporal. Alice gosta de assinalar que Beethoven estava livre dos preconceitos convencionais. Ele enfrentava reis e príncipes quando discordava deles, e Alice diz: "Ele não teria ficado com medo de confrontar Hitler." Os modos e as roupas de Beethoven podiam ser grosseiros, mas seu código moral – sua posição inabalável pela justiça e liberdade – era impecável. "No campo de concentração, às vezes eu sentia que, ao tocar Beethoven, estava protestando contra a desumanidade dos nazistas", diz. "Eu podia sentir a plateia respirando, sentindo comigo enquanto se aferravam às lembranças de um tempo melhor."

Alice também tirava lições, para os alunos e para si, de Schubert, Brahms e Schumann, por sua humildade pessoal, respeito pelo talento alheio e a força de suas obras. Quando Beethoven morreu, Schubert, que tinha apenas 30 anos de idade, disse: "Ainda tenho a esperança de fazer algo por mim mesmo, mas como pode alguém fazer qualquer coisa depois de Beethoven?"

Brahms abandonou a escola quando tinha 15 anos. Precisando ganhar a vida, ele não teve a oportunidade de frequentar uma universidade. Mas durante toda a sua vida ele leu filosofia e, com uma curiosidade infinita, manteve-se a par das invenções científicas mais recentes. E nunca se esqueceu de seu começo humilde ou de quem o ajudou ao longo do caminho. Brahms sempre recordava a si e aos outros o que o grande poeta Goethe ensinara: "Nós só pensamos que somos originais porque não sabemos nada."

Robert Schumann também viveu uma vida generosa. Em vez de promover sua própria carreira, ele recomendava aos editores as obras de outros compositores, e como crítico, ele chamava a atenção internacional para músicos jovens e desconhecidos, por meio de profusos mas merecidos elogios em seus artigos para o *Neue Zeitschrift für Musik* (Nova Revista de Música). Schumann foi responsável por descobrir obras-primas de Schubert e de Bach, que foram praticamente esquecidos depois de suas mortes, e por conseguir a publicação póstuma de suas obras.

Enquanto Alice nutria seus alunos com a música de Bach, ela também os orientava sobre a vocação do artista. Nenhum pupilo passou pela tutela de Alice sem aprender o aforismo pessoal de Bach: componho para a glória[1] de Deus e para deleitar a alma. "Bach é o filósofo da música", salienta ela enquanto põe as mãos sobre o coração. "Sua música é como um quebra-cabeça. Faz tantas curvas e voltas, às vezes óbvias mas com frequência esquivas, enquanto segue sempre em frente, como nossa vida. Para mim, ele é o Deus de todos os Deuses da Música."

Ainda hoje, aos 108 anos de idade, Alice inicia sua prática diária com uma obra de Bach tocada de memória. Ela encontra beleza e sentido em tentar solucionar os desafios que seu compositor predileto oferece em suas páginas. Reaprendendo as invenções de Bach de duas e três partes, de cabeça e com dedos artríticos que não cooperam, ela consegue tocar a música difícil com apenas quatro dedos em cada mão. Como Bach foi o primeiro pianista a tocar com os polegares, usando todos os cinco dedos, ela ri e diz que progrediu para trás.

Ao longo de seus muitos anos, ela obteve inspiração pessoal a partir da vida desses compositores imortais, e então a verteu em suas execuções. Ela também passou aos alunos sua reverência profunda. Se um aluno não sabia o primeiro nome de um compositor cuja obra estivesse tocando, Alice o admoestava, "O quê? Você não sabe o nome de seu amigo?". Ao mesmo tempo, ela não se dava conta do amor que despertava no coração daqueles pianistas em formação. E tampouco sabia que sua influência iria perdurar por uma vida inteira e além. Meira Shaham, mãe do consagrado violinista israelense-estadunidense Gil Shaham, foi uma de suas alunas.

MEIRA DISKIN SHAHAM

"É claro que eu a reconheço. Ela foi minha professora." Com as lágrimas enchendo os olhos, Meira aponta para uma fotografia recente de Alice. "Aí está ela. É ela. É o seu sorriso." Meira, agora uma avó, não a viu nem ouviu falar dela desde que imigrou para os Estados Unidos, quase quarenta anos antes. Meira chorou ao saber que Alice é uma sobrevivente do Holocausto. "Todos esses anos eu não soube. Nós, os alunos, não tínhamos ideia. Ela era tão feliz, sempre sorrindo, mesmo quando ficava desapontada com nossa execução."

Meira estudou piano com Alice durante seus anos de ensino médio. Como uma cientista iniciante, ela foi para a Universidade Hebraica, onde se pós-graduou em genética. "Ela me fez ter vontade de praticar", relembra. "Embora eu tivesse tido minhas primeiras aulas duas vezes por semana com outro professor, eu conseguia levar sem treinar entre uma aula e outra. E de qualquer forma eu não tinha piano em casa. Prática era um conceito desconhecido. Mas depois que comecei a estudar com Alice, ela me fez amar a prática. No começo, eu o fazia por ela, na casa de um vizinho, depois da escola. Então meus amigos e eu começamos a passar todos os nossos fins de semana no conservatório, praticando durante horas, só por gosto.

"Não me tornei profissional, mas dei à luz a geração seguinte, e ajudei-os a encontrar seu caminho ao longo da estrada da música. Sim, fui capaz de dar a meus filhos um pouco do que Alice me deu – seu grande, grande amor pela música e pelos músicos. Assim, todo o trabalho duro dela não foi perdido." Os três filhos de Meira são músicos. Orli, a filha, é uma conhecida concertista de piano. O filho mais velho, Shai, é um cientista renomado, especializado em genética molecular do desenvolvimento, mas ele se dedicou à música durante toda a vida, e é um notável pianista. E Gil, o filho do meio, é um violinista de fama internacional.

Além de seu trabalho de alta tecnologia em genética, Meira tem também um profundo envolvimento com a música, por meio de seus filhos e amigos. Sempre que encontra um tempo livre, ela frequenta concertos com avidez. "Eu represento a outra metade da história, isto é, a plateia da música", diz. Na passagem de ano de 2010, Meira assistiu a um festivo concerto familiar em Saint Louis, Estados Unidos. O marido de Orli, David Robertson, diretor musical da Sinfônica de Saint Louis, regeu o concerto; Orli e Shai tocaram peças de piano; e Gil tocou o concerto para violino de Mendelssohn com a orquestra. Os amantes de música de Saint Louis tiveram a sorte de testemunhar a tradição herdada e guardada como um tesouro, de geração para geração.

EDNA ZAITSCHEK MOR

"Eu estava no meio de uma sessão com um paciente, uma mulher de idade", conta a psicanalista israelense Edna Mor, "quando ela mencionou, 'Ouvi minha mãe tocar duetos com Alice Herz-Sommer.'" Ignorando por um instante os rígidos dogmas de sua profissão, Edna conta ter dito à mulher que ela também conhecia Alice; quando era jovem, havia estudado piano com ela. Edna continua contando que, naquele instante de reconhecimento mútuo, a confiança da paciente aumentou enormemente. "E acredito que consegui ajudá-la."

Edna fala sobre quando conseguiu reatar contato com Alice, em Londres. "Depois de quase cinquenta anos, Alice conseguiu lembrar-se de uma peça que, segundo ela, eu havia tocado muito bem. Era o Scherzo nº 2 em Si Menor, de Chopin. E ela me recordou que meu namorado, Gideon [que depois se tornou o marido de Edna], havia aprendido a Sonata Opus 2, nº 1, de Beethoven, com ela." Gideon estudou com Alice por apenas um ou dois anos quando aluno da universidade, e embora tivesse se tornado bioquímico, de acordo com Edna, ele nunca parou de tocar.

Edna estudou com Alice por mais de dez anos. Era uma pianista talentosa, mas ela é rápida em confessar que não estava entre os alunos mais brilhantes de Alice. Era uma garota tímida, que nunca quis ser o centro das atenções. Ela achava que não poderia encarar o clima competitivo do conservatório e as exigências para apresentações públicas. "Nunca quis tocar em público, e ainda hoje pratico e toco só para mim", diz.

No entanto, Alice ensinou-lhe como se ela almejasse a uma carreira profissional. Edna tornou-se aluna particular e tinha aulas no apartamento de Alice para não ter que enfrentar os temidos exames diante dos professores de piano da academia. Ela se lembra de como a minúscula sala do apartamento era totalmente dominada pelo piano: "Mal havia espaço para andar." Mais tarde, com a ajuda do cunhado, Dr. Emil Adler, Alice foi capaz de comprar um apartamento maior, com uma sala de estar que pudesse acomodar com conforto tanto o piano quanto os convidados para os concertos.

Os pais de Edna eram, como Alice, da Tchecoslováquia, mas haviam escapado dos nazistas em 1934, para construir uma vida nova na Palestina. Ambos eram músicos amadores, e faziam parte do mundo refinado e amante da música que existia na Tchecoslováquia do pré-guerra. A mãe de Edna, pianista, e o pai violinista conheceram Alice em Jerusalém. Eles também tinham perdido no Holocausto muitos parentes próximos, inclusive o avô de Edna. Os nazistas prenderam-no no início de 1940 por vender cigarros no mercado negro nas ruas de Brno, num esforço para sustentar a família. Depois da guerra, Edna soube que o avô fora assassinado em Auschwitz.

Edna era a única aluna que tinha ao menos uma vaga ideia do passado de Alice, por ter entreouvido conversas dos pais. Mas ela nunca comentou nada com Alice, por compreender que não era um assunto permitido.

Depois que se mudou com Rafi para o apartamento maior, Alice começou a reviver sua tradição do pré-guerra de oferecer *Hauskonzerte*, e os pais de Edna compareciam regularmente. Na maioria das vezes, Alice servia chá e um de seus apetitosos bolos tchecos. As discussões eram sempre animadas, e sempre acabavam se voltando para a política local. Depois de mais ou menos uma hora, Alice ia para o piano, e tocava um programa formal por uma ou duas horas. Desse modo, Alice e alguns amigos emigrados recriavam momentos acolhedores de sua vida em família na Tchecoslováquia, como ela costumava ser.

ESTER MARON KRIEGER

Antes de viajar para Londres para visitar Alice, no outono de 2010, Ester praticou a Balada em Sol Menor de Chopin incontáveis horas, diariamente, por quase dois meses. Embora Ester não tivesse visto Alice por mais de quarenta anos, e tivesse executado a balada em concertos vezes sem fim, ela estava nervosa enquanto se preparava para tocá-la para sua ex-professora. "Magnífica. A sua forma de tocar nunca cessa de evoluir", Alice lhe disse. Ester sentiu a mesma onda de emoção que sentira meio século antes, quando Alice aprovara seu desempenho.

Como Alice, a despeito dos obstáculos que a vida lhe impusera, Ester sempre tirou o melhor de cada situação por meio da música. Quando, em 1962, chegou sua hora de prestar o serviço militar obrigatório de dois anos, preocupava-a ter tempo para praticar e ficar afastada da música. Sempre cheia de ideias, ela indagou se teria permissão para ensinar música durante seus anos no exército. Sem a formação normal de um professor, ela foi enviada para ensinar em duas escolas na cidade mais setentrional de Israel, Kiryat Shmona, muito perto das fronteiras com a Síria e com o Líbano. Na época, a área era considerada perigosa demais para professores civis. Ester fez uma visita a Zadik Nahamu Yona, o diretor de Tel Hai, uma das escolas, em um dia abafado antes do início das aulas, para obter orientação e sugestões.

O diretor explicou que Ester daria aula para as crianças mais novas: do terceiro ao oitavo ano. A maioria de seus alunos era composta por filhos de imigrantes do Marrocos, Tunísia e Argélia, e falavam francês. O diretor, os soldados e os professores eram na maioria imigrantes judeus da Europa e do Oriente Médio. Admitindo não ter formação em educação musical, Ester pediu para ver os livros-texto e um resumo do currículo. "Lamento não termos muitos livros. Temos, porém, flautas doces, tambores e pratos. Você pode usá-los", disse-lhe o diretor, que fez uma pausa antes de prosseguir, "Eu amo a música. Essas pobres crianças precisam disso em suas vidas. Por favor, faça o melhor que puder, mas você está por sua conta." Mais tarde, Ester soube que esse homem compassivo, inteligente e realista, um imigrante do Iraque, não tinha se formado na faculdade. E no entanto ele dirigia uma escola excelente, despertando o melhor de seus professores-soldados e um amor profundo pela educação das crianças.

Ester pensou em Alice e como ela fazia a música cantar, onde quer que estivesse. "Ensinar é amar, e um professor deve amar ensinar" – as palavras de Alice ressoavam vívidas na memória de Ester. Durante seus dois anos em Kiryat Shmona, Ester produziu com seus alunos concertos e até musicais com cenários e figurinos. "Essa foi a melhor formação que eu poderia ter – muito melhor que um laboratório de curso universitário", afirma. "Creio que dar aulas é sempre uma questão de improvisar, ajustando-se para obter o melhor de cada indivíduo." E isso, de acordo com Ester, descreve como Alice era com seus alunos. "Ela era simples e paciente ao me encorajar a tentar peças ainda mais difíceis."

Ester começou a ter aulas na Academia com Alice quanto tinha 16 anos. Quatro anos mais tarde, e apenas dois meses antes do exame final, os médicos engessaram seu pulso para corrigir uma lesão. Ela ficou em pânico por não poder praticar, mas Alice a reconfortou, dizendo: "Não se preocupe, você vai se sair bem. Teremos pelo menos um mês para nos preparar depois que você tirar o gesso. Vou lhe dar aula todos os dias."

– E ela manteve a palavra, trabalhamos todos os dias até que eu por fim estivesse pronta para o programa do exame. Posso dizer que recebi nota máxima?

Ester foi aceita com uma bolsa integral no Conservatório de Música da Nova Inglaterra, mas descobriu que não poderia especializar-se em acompanhamento porque essa área não era oferecida. Com uma perseverança digna de Alice, ela convenceu o diretor da escola a estruturar o currículo que ela desejava. Ele o fez, e Ester foi a primeira a formar-se em acompanhamento vocal pela instituição. Graças a ela, o programa ainda floresce.

A filha única de Ester, Michal, foi criada à sombra da influência distante de Alice, e é hoje violoncelista na Sinfônica de Haifa. Descrevendo a visita que ambas fizeram a Alice, em setembro de 2010, Michal contou que Alice lhe perguntou porque escolhera o violoncelo. "Sempre soube que queria ser musicista, como minha mãe. Eu a ouvia acompanhando violoncelistas e adorava o som", respondeu Michal. "Alice me perguntou se eu tocava o concerto de Dvořák, e começou a cantarolar o tema." Michal disse a Alice que aprendera-o na escola, mas que nunca tivera a chance de tocá-lo com uma orquestra.

– Bom, o que você está esperando? – retrucou Alice, antes de acrescentar: – Você deve trabalhar e retrabalhar o movimento lento. Com essa peça você vai aprender a dominar a execução com uma orquestra, entremeando sua parte, indo e vindo, como se estivesse falando sobre o amor, nunca dizendo adeus, sempre retornando. Tudo é carinho e amor, nunca raiva ou agressividade. Seu tom deve ser um raio laser até o coração.

Abandonando de súbito o assunto, Alice perguntou se Michal apresentava concertos com Ester.

– Claro, adoro tocar com minha mãe – respondeu Michal.

Alice prosseguiu.

– Era uma grande alegria para mim tocar com meu filho. Nada, nada me fazia mais feliz. Acho que ele também gostava. Conheço de cor o repertório de violoncelo. Sua mãe, Ester, é uma excelente pianista. Ex-ce-len-te – ela repetiu, acentuando cada sílaba.

Ao se despedirem, Alice acrescentou:

– Somos tão afortunadas. Somos as pessoas mais ricas do mundo. Mais ricas que os milionários. As pessoas que não sabem música são muito, muito pobres!

O obstáculo mais recente de Ester é enfrentar a aposentadoria compulsória em seu trabalho no Levinsky Teacher College [Colégio de Professores Levinsky]. Na verdade, ela já se aposentou duas vezes, mas em ambas foi chamada de volta, pois é tão especializada que não pode ser substituída com facilidade. Em maio de 2011, Ester apresentou com os alunos atuais o que seria, em teoria, seu concerto de despedida. Mas, da mesma forma que Alice, para Ester a aposentadoria parece muito improvável. Ela já aumentou as horas de prática, preparando-se para outras opções.

Indagada sobre qual a lição mais importante que os professores de piano podem compartilhar com os alunos, Alice diz: "O amor pelo trabalho." Ela menciona que, quando perguntaram a Bach como ele conseguiu compor tantas músicas maravilhosas, ele respondeu, "Trabalho duro [...] qualquer um que trabalhar tão duro quanto eu terá sucesso". Alice prossegue: "E isto é verdade para todos os professores em todas as áreas. [...] Imprimir o amor pelo trabalho, o amor por praticar ou por limpar a cozinha até que brilhe. O amor por tornar melhores as coisas. Amor pelo processo de aprender. Precisamos aprender a apreciar o trabalho por ele ser bom em si, e não pelo triunfo que esperamos alcançar."

"Amor ao trabalho" tem sido o princípio que norteia toda a vida de Alice, e que ela transmite também a seus alunos, ensinando-os a tentar aperfeiçoar até uma frase curta, praticando essa passagem centenas ou milhares de vezes até que se torne fluente.

"Quando começo uma peça nova", Alice explica, "leva tempo, e pouco a pouco, às vezes depois de meses, quando a conheço como a palma de minha mão, posso chamá-la de minha." Alice afirma ter praticado todo tipo de exercício, para libertar sua técnica. "Este é, acredito, o segredo para minha leitura visual. Meus olhos veem grupos de notas às quais meus dedos obedecem devido às escalas e de ter praticado todo tipo de padrão.

"Quando você de fato ama seu trabalho, é muito mais feliz. E posso dizer que sua chance de sucesso é maior." Não apenas Alice ensina seus alunos a amar a prática, mas seu código se estende para além da música. "Aprecie as tarefas simples", ela diz. "Elas ajudam a transpor os maiores desafios da vida."

Alice inclina a cabeça para trás, numa risada gostosa quando descobre uma nova solução para uma passagem difícil que ela praticou por pelo menos cem anos.

Interlúdio

A senhora do número 6

A rua orlada de árvores na localidade de Belsize, em Londres, é tranquila. Robin Tomlinson, o afável administrador do prédio de apartamentos, está tomando o ar da manhã com seu cão de pelo curto, quando alguém que passa lhe pergunta de onde vem a música.

– Ah, sim, Ela mora no primeiro andar. Toca piano o dia inteiro – Robin responde com seu caloroso sotaque irlandês.

Os outros inquilinos conhecem sua efervescente vizinha mais velha como Alice, a pianista. Eles acertam os relógios pelos horários de suas práticas. E apreciam os diálogos joviais quando a encontram no corredor. Embora saibam que ela toca de memória, sempre se surpreendem e ficam envaidecidos por sua memória ser igualmente afiada quando se trata do nome de seus filhos, netos e animais de estimação. Alice discute as últimas notícias de política internacional e, sempre que algo acontece no mundo, uma questão comum entre os moradores é, "O que Alice acha?". Eles sabem que ela sempre tem uma opinião. Até pessoas que visitam o edifício com frequência sabem que ali vive uma senhora chamada Alice.

Robin gosta de trabalhar pelos interesses dos inquilinos. "Administrar um edifício cheio de pessoas extraordinárias vai além de apenas ganhar dinheiro. Encaro meus inquilinos como minha família. Sou responsável por eles e por seus lares. É meu trabalho mantê-los felizes. Se estão felizes, posso dormir bem", diz.

Robin e sua mulher ocupam o quinto e último andar do prédio, onde cultivam flores no amplo jardim na cobertura e recebem a visita dos residentes. Até recentemente Alice era uma visita frequente, sempre feliz em desfrutar o paisagismo sempre cambiante do jardim e, em dias ensolarados, tomar sol. Às vezes ela vinha para olhar o movimento dos pássaros. Gracejando, Robin diria a Alice, "Essas avezinhas estão fazendo uma apresentação especial para agradecer-lhe por sua música". Alice aproveitava o pôr do sol, quando nas noites sem vento, o aroma das flores é mais intenso, para recordar-se de momentos semelhantes, quando de sua sacada em Jerusalém ela observava a paisagem antiga. Naquela cobertura londrina, o aroma dos jasmins, lírios e rosas era tangível. Alice gostava sobretudo das rosas vermelhas que subiam pela cerca. Robin às vezes colhia algumas para que ela levasse para casa e colocasse sobre o piano. Alice já não visita o jardim. Subir as escadas é extenuante demais.

A maioria dos inquilinos admira como Alice toca, e ficam surpresos com a dedicação contínua à sua arte. Uma vez, quando Alice foi hospitalizada depois de um pequeno acidente, Robin foi visitá-la e ameaçou mandar o piano para o hospital se ela não voltasse logo para casa. "Mande-o hoje", ela retrucou. "Preciso praticar." De acordo com Valerie Reuben, amiga e vizinha de Alice, a única vez que a música deixou de soar foi quando o filho de Alice morreu. "Temíamos pela vida dela porque a música havia se calado."

Depois de várias semanas, os vizinhos se alegraram ao ouvirem novamente o piano de Alice. Ela começou devagar, tocando apenas alguns minutos antes de fechar a tampa do piano de novo. Mas quando ela recuperou força suficiente para começar o dia com prelúdios e fugas de Bach, um a um os vizinhos lhe agradeceram pela música. Não mencionaram a morte, mas Alice compreendeu o significado de suas palavras.

* * *

Muitos anos depois de Alice ter se mudado, uma inquilina nova deu um susto em Robin, ao bater na porta dele logo pela manhã e enfiar um papel em sua mão. "Por favor assine isto", disse ela, "pelo bem da sanidade de todos que vivem aqui. Essa tocação horrível de piano, dia e noite, tem que parar."

Robin convidou-a para entrar e sugeriu que conversassem no jardim. Ele leu a página digitada enquanto subiam a escada para a cobertura. Uma vez ao ar livre, Robin indicou uma cadeira. "Sente-se", ordenou. Um homem alto, de físico bem constituído, ele se manteve de pé, dominando-a com sua altura. O papel que a nova inquilina queria que ele assinasse e passasse para os demais moradores era um abaixo-assinado para que Alice fosse proibida de praticar.

Furioso, ele respirou fundo, devagar, antes de falar. "Isto é um absurdo", começou, e rasgou o papel em dois ao prosseguir. "Sabe quem é Alice? Você não tem coração? Sob circunstância alguma eu a impediria de tocar piano. Dizer-lhe que não pode tocar piano em seu próprio apartamento seria o equivalente a assassinato. Não", disse ele, elevando a voz. "Nunca circularia esta horrenda petição que tanto orgulho lhe dá. Nossos inquilinos amam Alice e amam ouvi-la tocar. Toda a vizinhança a adora."

Alice soube do incidente anos depois. Ela nunca parou de agradecer a Robin, que ela considera um "amigo muito bom". E quando lhe perguntam o que acha do prédio onde vive, responde, "Extraordinário". Ela repete a palavra. "Gente maravilhosa mora neste edifício. Tenho muita sorte."

Entre as primeiras perguntas que Alice faz aos pianistas da cidade de Nova York que ela encontra estão: "Como são seus vizinhos? Você pode praticar em casa?"

Capítulo 15

Círculo de amigos

"Sempre tive facilidade para fazer amigos", diz Alice. "Quando você ama as pessoas, elas também amam você."

"Meu amigo", palavras de afeto que Alice nunca usa de forma leviana, é talvez o maior elogio que um tcheco do século XX pode fazer a alguém. Durante os períodos nazista e comunista, amizades foram testadas e podiam significar a diferença entre prisão e liberdade, ou mesmo entre vida e morte. A amizade implica não apenas entendimento e ideias mútuas, mas também confiança não verbalizada. Alice sabe o valor do contato humano próximo; ela forjou conexões profundas através dos vínculos de lembranças compartilhadas. Sua cordialidade, o sorriso e a mente inquisitiva acolhem os demais – as pessoas se juntam ao seu redor como se atraídas por um ímã –, enquanto a alegria que ela sente por estar viva é contagiante para aqueles próximos a ela.

Alice inspira a dádiva da amizade.

ANITA LASKER-WALLFISCH

Peter Wallfisch, pianista e professor da Royal Academy of Music, começou a visitar Alice depois que ela se estabeleceu em Londres. Peter fugiu da Alemanha para a Palestina antes da guerra e tinha muitos amigos e tópicos de conversação em comum com Alice. Sua esposa, a violoncelista e escritora Anita Lasker-Wallfisch, foi um dos membros fundadores da English Chamber Orchestra.

Anita chegou a Londres em 1946, depois que o exército britânico liberou Berger-Belsen. Ela perdeu os pais nos campos de concentração e mais tarde escreveria um livro de memórias chamado *Inherit the Truth* (Herdando a Verdade), sobre as tentativas de seus pais de escapar da Alemanha e sua própria experiência em Auschwitz.

A música é o elo mais óbvio entre Alice e Anita, mas a compreensão mais profunda que há entre elas vem de seu passado comum. Tanto Anita quanto seu marido eram de Breslau, uma cidade conhecida por seu amor pela música. A própria Anita era conhecida lá, tendo sido muito aclamada em seus vários concertos nessa cidade medieval no extremo oriental da Alemanha. Como na família de Alice, a música reinara na casa dos Lasker. A mãe de Anita, Edith, era uma bela violinista, e suas três filhas tiveram aulas de música. Uma das irmãs de Anita, Marianne, conseguiu alcançar a Inglaterra um pouco antes de a guerra eclodir, mas a outra irmã, Renata, foi aprisionada pela Gestapo e deportada para Auschwitz junto com Anita.

E, à semelhança dos Herz, os Lasker organizavam noites de música de câmara quase toda semana, bem como discussões literárias, com café e bolo, nas tardes de sábado. A despeito da privação e do medo durante os últimos meses que passaram juntos antes da deportação, o pai de Anita, Dr. Alfons Lasker, leu *Don Carlos** em voz alta para a família e tinha começado o *Fausto* de Goethe. Em uma carta enviada em 1941 a Marianne, em Londres, a mãe de Anita escreveu, "Não sabíamos como tudo era maravilhoso então!!! Bem, a despeito de tudo, talvez um dia nós cinco voltemos a nos sentar ao redor de uma aconchegante mesa de cozinha!".

---

* Peça histórica escrita por Friedrich Schiller, entre 1783 e 1787. [N. dos T.]

Quando Anita fala da guerra, ela diz "O violoncelo salvou minha vida. Literalmente". E ela prossegue, explicando: "Quando os prisioneiros chegavam a Auschwitz, de imediato eram submetidos a uma espécie de cerimônia de iniciação, na qual a cabeça era raspada e o braço era tatuado com um número de identificação. Esse trabalho era feito por mulheres prisioneiras. Eu esperava ser mandada para as câmaras de gás, pois ali era Auschwitz. Então uma das prisioneiras me perguntou, 'Em que você trabalha?' A resposta que escapou de minha boca, 'Toco violoncelo', era totalmente ridícula. Eu tinha acabado de fazer 17 anos, e não tinha nenhuma outra ocupação a não ser estudar. Aquela prisioneira sussurrou, 'Graças a Deus, você vai se salvar'". A orquestra feminina de Auschwitz-Birkenau precisava de uma violoncelista.

Anita foi levada para uma audição com a regente da orquestra, Alma Rosé, uma bem conhecida violinista de Viena e sobrinha de Gustav Mahler. Embora Anita não tivesse tocado ou mesmo visto um instrumento por mais de um ano, foi aceita como a única violoncelista da orquestra. O conjunto composto apenas por moças não era de forma alguma uma orquestra sinfônica tradicional. Rosé arranjava a música para acomodar os instrumentos disponíveis – violinos, flautas doces, bandolins, violões, acordeões, um contrabaixo, uma flauta e um violoncelo – e a habilidade variada das integrantes.

Ela ensaiava "suas meninas" com uma disciplina sem concessões, tentando fazer de cada exibição uma experiência musical. Elas tocavam de manhã nos portões do campo de concentração, quando as multidões de prisioneiros eram conduzidas para fora, para trabalhar, e de novo ao anoitecer, quando os prisioneiros marchavam de volta para o interior dos muros. Tocavam as marchas na chuva e na neve, e tocavam valsas e peças incidentais para os eventos nazistas. "Do jeito que os nazistas gostavam das coisas, ordeiras e bem organizadas", diz Anita.

Um dia, quando Anita já estava na orquestra fazia algum tempo, o infame médico nazista Josef Mengele entrou no alojamento delas e pediu para ouvir "Träumerei", de Schumann. Anita sentou-se com seu violoncelo e tocou a obra.

Quando o tifo assolou Auschwitz, Anita contraiu a doença e ficou na assim chamada enfermaria. Estava quase delirante com a febre alta quando ouviu a Gestapo indicando os pacientes que deviam receber de imediato o "tratamento especial" – a câmara de gás. Quando os soldados se preparavam para levá-la, ela ouviu um oficial gritar, "Não, essa aí não, ela é a violoncelista". Naquele momento Anita percebeu que ainda tinha uma identidade, mesmo que seu nome tivesse sido substituído por um número.

Em Londres, Anita ocupava-se com sua orquestra e a família cada vez maior de músicos destacados. Seu neto Benjamin Wallfisch é um regente e compositor renomado, e o filho dela, que tem o mesmo nome do filho único de Alice, Raphaël, é um violoncelista conhecido internacionalmente. Alice costumava visitar Anita e fazer-lhe companhia enquanto a amiga tomava conta dos netos pequenos. As duas discutiam música e recordações, em geral com café e bolos no jardim de Alice. Alice amava sobretudo as tardes de início de verão, quando a brisa suave roçava as florzinhas brancas dos arbustos de *Philadelphus*. Depois da morte de Rafi, Anita adquiriu o hábito de atravessar Londres nas tardes de sábado para passar algumas horas com a amiga. Elas não conversam muito e raramente mencionam o passado, mas jogam palavras-cruzadas em inglês. Alice sempre aguarda com ansiedade os sábados com Anita.

GENEVIÈVE TEULIÈRES-SOMMER

Alice diz, efusiva, "Geneviève é a melhor nora do mundo". E para enfatizar ainda mais, ela adiciona, "Extraordinária!". Devolvendo o elogio, Geneviève diz, "Mas você é a melhor sogra". Os amigos concordam que ambas devem estar certas. Mais de dez anos após a morte de Rafi, Geneviève continua completamente devotada a Alice. Ela desempenhou um papel importante na proteção da independência de sua sogra. Quando alguém pergunta pelas preferências de Alice, Geneviève em geral responde com muito respeito, "Por que não pergunta a Alice?".

A despeito de seu cronograma de práticas diárias e da responsabilidade como docente de violoncelo na École Normale de Musique, em Paris, a semana toda, Geneviève viaja a Londres regularmente para passar o final de semana com Alice. Ela então dá aulas também aos sábados, na Guildhall Junior School of Music, em Londres. E sempre que seus outros compromissos – coordenar o festival de verão de música em Gex, que fundou com o marido, ou participar de bancas examinadoras no conservatório – a mantêm afastada de Alice, ela permanece em contato constante por telefone. Quando em Londres, Geneviève com frequência dá uma carona à sua própria diarista até o apartamento de Alice, para fazer uma limpeza completa, pelo que Alice é grata.

WENDY

Com 91 anos de idade, a velha Wendy, a excêntrica e inglesa Wendy – ninguém parece saber seu sobrenome – é conhecida por seu bom coração. E ninguém sabe se algum dia foi casada, se é divorciada ou viúva, ou se é rica ou pobre. Durante a conversa, ela dá a impressão de ser uma criação de sua própria imaginação; na prática, porém, Wendy é uma cuidadora e, às vezes, uma salvadora de vidas. De ossos grandes e alta, com longo cabelo negro, entremeado de fios brancos, ela roda pelos bairros de Londres em sua bicicleta em qualquer condição climática. E ela escreve poemas que nos aniversários declama àqueles que têm paciência de ouvir.

Wendy vasculhava havia anos as livrarias dos arredores e, como muita gente, ficou curiosa quanto à fonte da música que emanava da janela do prédio de Alice, quando ela passava por ali toda manhã à mesma hora. Ele passou a fazer sua própria investigação, perguntando a todo mundo que saía do prédio se conheciam a pianista.

Ela descobriu que a música vinha de uma mulher europeia de certa idade, e numa manhã esperou a música terminar. Quando uma senhora miúda apareceu à porta, Wendy perguntou, "Por acaso é a Sra. Sommer?". Fiel a seu espírito generoso, Alice convidou Wendy para visitá-la naquela tarde e tomar um chá. Desde aquele primeiro encontro, Wendy tem vindo quase todos os dias – com frequência, como um médico fazendo a ronda, parando por apenas cinco minutos para saber se Alice precisa de algo. Por exemplo, um dia, no começo de julho, Wendy apareceu no apartamento de Alice usando uma saia longa, esvoaçante e colorida, com um *top* de algodão laranja e tomara-que-caia. Estava fazendo uma de suas várias visitas diárias a seus amigos de idade, para ver se estava tudo bem, e Alice tinha o horário das cinco da tarde. Às demais pessoas, que por acaso estavam de visita, Alice apresentou-a como "Wendy, a poeta", e animou-a a recitar de memória uma de suas extensas poesias.

Há alguns anos, quando tinha apenas 104 anos, Alice caiu enquanto fazia uma de suas longas caminhadas e foi hospitalizada por algumas semanas devido aos machucados. No dia em que voltou ao apartamento, Wendy lhe fez uma visita no fim da tarde e ficou atônita ao encontrá-la sozinha; ela estava convencida de que Alice não devia ficar sem companhia durante a noite, depois de sua provação. Com pouco espaço livre no apartamento de um cômodo, Wendy dormiu em uma cadeira ao lado de sua amiga – naquela noite e em todas as outras pelas duas semanas seguintes.

No início do outono de 2010, poucas semanas antes do 107º aniversário de Alice, Wendy fez sua parada habitual e encontrou Alice caída no chão, incapaz de mover-se. Wendy agiu imediatamente, chamando os paramédicos, que depressa levaram Alice para um hospital. Ela tivera um miniderrame, e foi tratada e liberada alguns dias depois. Desde então, Wendy passou a visitá-la duas vezes por dia. E ainda assim, como pessoa, Wendy permanece um mistério; Alice não faz ideia de onde Wendy vive, e não tem seu número de telefone.

EDITH STEINER-KRAUS

Enquanto Wendy é um enigma para Alice, Edith Steiner-Kraus é o oposto. Alice conhece Edith há mais de setenta anos. Não apenas Edith e Alice se conheciam em Praga antes da guerra, como ambas sobreviveram a Theresienstadt juntas e também imigraram para Israel. Alice troca telefonemas regularmente com Edith, que ainda vive em Israel. Elas nunca esquecem de se falar no aniversário uma da outra. E é por Edith que Alice se mantém a par da política em Israel e das perspectivas de paz.

Nascida em Viena, de pais tchecos, Edith é dez anos mais nova que Alice. Quando tinha 6 anos, sua família se mudou de volta para Karlovy Vary, cidade da Boêmia conhecida como Carlsbad e famosa por seu *spa*. Pouco depois de começar a ter aulas de piano, Edith foi reconhecida como uma criança-prodígio e convidada para apresentar-se diante de celebridades. Alma Mahler ouviu-a e ficou tão encantada com a garota que a recomendou a seu amigo, o pianista Artur Schnabel. A princípio cauteloso com alguém tão jovem, Schnabel ouviu suas audições e então a aceitou como a aluna mais jovem em sua aula *master* em Berlim.

Como Alice, Edith estava forjando uma carreira destacada em Praga e arredores quando a guerra começou. Alice lembra-se da primeira vez que ouviu a bonita e esguia mulher tocando as danças de Smetana. "Ela era uma grande pianista", diz Alice com admiração. Quando foi deportada com o marido para Theresienstadt, Edith continuou a praticar o piano uma hora por dia e a apresentar-se o máximo que podia. Viktor Ullmann persuadiu-a a tocar a *première* de sua Sexta Sonata para Piano, composta em Theresienstadt. Mais tarde, em Israel, Edith tornou-se conhecida como especialista em Ullmann, com frequência tocando todas as suas oito sonatas.

Edith imigrou para a Palestina com seu segundo marido e uma filhinha de colo, em 1946. Depois de trabalhar em uma fábrica de gravatas, por fim foi designada professora de piano na Academia de Música de Tel Aviv. Ela estava bem estabelecida e capaz de ajudar quando Alice chegou, em 1949. Juntas de novo, continuaram sua amizade pessoal e musical. Antes de Alice ir embora para a Inglaterra, porém, Edith sofreu um ataque que a deixou impossibilitada de tocar. Por algum tempo, ela continuou a dar palestras embora sua vista estivesse falhando. Hoje está quase cega.

A conexão de ambas com a música, profunda e ininterrupta, continua a ser vital para essas duas mulheres. E as duas entendem a importância da solidão. Para elas, a solidão não é solitária. É a tranquilidade necessária para ouvir. Na solidão, podemos chamar da profundeza de nossa alma aquelas intuições e lembranças que estão além do visível ou do verbal. É na calma da solidão que um artista pode se tornar mais criativo. Como artistas, Alice e Edith reconheceram que o mundo pode ser um lugar solitário. Mas quando há alguém – ainda que uma única pessoa – com quem dividimos o passado, nossa perspectiva, pensamentos e sentimentos, essa solidão é rompida. Para Alice, uma dessas raras pessoas é Edith.

VALERIE REUBEN

"Os ingleses não fazem perguntas", observa Alice. "Eles são muito educados, mas não fazem perguntas. Todo mundo dizia que Valerie era britânica. Ela fala um inglês perfeito." Mas um dia Alice lhe perguntou onde ela nasceu. Valerie explicou que seus antepassados eram da Romênia e da Polônia, mas que ela e os pais escaparam das garras de Hitler porque todos haviam nascido na Inglaterra.

Valerie Reuben é uma mulher esguia, vestida e penteada com elegância, e de idade indeterminada. Uma liderança da comissão de inquilinos de seu prédio de apartamentos, tem cuidado de Alice, ajudando-a de inúmeras formas desde que Alice se mudou para Londres. Valerie fez uma enorme diferença na rotina de Alice ao apresentá-la à Universidade da Terceira Idade. Elas iam às aulas juntas e prosseguiam com as discussões em casa.

"Nunca conheci ninguém como Alice", diz Valerie. "Ela tem uma personalidade forte, e sempre consegue superar os obstáculos. Tento ajudá-la, mas descubro que sou eu quem mais ganha, apenas por estar em sua notável presença." Valerie acrescenta que Alice às vezes a surpreende com um toque de humor travesso. "Uma vez, quando lhe disse que estava fazendo as malas para as férias, ela veio a meu apartamento para ver o que eu usaria, e fez comentários sobre todos os itens que eu estava levando.

"Agora que ela já passou bastante dos 100 anos, preocupo-me com ela e vou vê-la com mais frequência do que antes. Não é apenas um prazer, mas um privilégio conhecê-la."

ZDENKA FANTLOVA

Alice descreve Zdenka Fantlova como "minha grande amiga de domingo. Ela vem todo domingo e fica comigo a tarde toda". Uma jovem de apenas 90 anos, Zdenka parece uma bela tcheca de meia-idade. Ela descobre todos os atalhos possíveis através do labirinto de ruas estreitas e tortuosas de Londres, para ir de seu apartamento de frente para o Hyde Park até a casa de Alice, em Hampstead, toda semana.

Zdenka é a melhor amiga tcheca de Alice em Londres. Nascida em uma cidade de porte médio a alguma distância de Praga, Zdenka também é uma sobrevivente. Somente por meio de sorte, juventude e boa saúde ela conseguiu sobreviver primeiro a Theresienstadt, depois a Auschwitz, Gross Rosen Mauthausen e Bergen-Belsen. Mais tarde ela escreveria um livro contando sua vida sob o jugo nazista, chamado *The Tin Ring* (O Anel de Lata).[1]

Em Theresienstadt, Zdenka ouviu Alice tocar todos os estudos de Chopin em um concerto. Ela se lembra de ter sido transportada para além do tempo e do espaço pela música. "Enquanto durou o concerto eu pude imaginar que a vida era normal e que logo iríamos para casa de novo, para nossa rotina familiar. Significou tanto para mim, mas como eu era uma adolescente, não tive coragem de me aproximar de Frau Sommer", recorda-se Zdenka.

"Depois da guerra, quando eu estava me recuperando na Suécia, vi no jornal que Alice daria um concerto em Estocolmo. Nada me impediria de ir àquele concerto. Alice abriu com a sonata *Appassionata*, de Beethoven. De novo fiquei hipnotizada com sua música, e quis conhecê-la." Embora tenha esperado algum tempo, depois do concerto, em meio a uma multidão de fãs, Zdenka era tímida demais para cumprimentar a pianista. Quarenta anos se passaram – Zdenka tornou-se uma atriz bem conhecida na Austrália, casou-se e teve uma filha – antes que se encontrasse cara a cara com Alice, na década de 1980.

Zdenka e o marido decidiram morar em Londres, mudando-se para um apartamento espaçoso no West End. Ela sentira saudades da Europa e queria ficar mais perto dos lugares de seu passado. Ao mesmo tempo, ela vivera tanto tempo em um país anglófono que lhe pareceu mais confortável viver na Grã-Bretanha, separada do continente apenas por um curto voo ou uma viagem noturna de trem. Finalmente ela conheceu Alice, quando um amigo tcheco em comum a levou para visitar a pianista, que chegara havia pouco a Londres. Naquele dia, Alice tocou para ela uma valsa de Chopin. Zdenka ficou enfeitiçada com a música e as lembranças.

Mais tarde, Alice daria aulas de piano para Zdenka. Quase até os 100 anos, toda semana ela ia de metrô até o apartamento de Zdenka, ainda que esta tentasse fornecer-lhe transporte. Alice sempre recusou, alegando que preferia a agitação do metrô. Alice ensinou Zdenka com a mesma atenção e exigiu os mesmos padrões elevados que tinha com seus alunos mais profissionais. A aula sempre terminava à moda tcheca, com café, bolos e *strudel* de sementes de papoula. Às vezes, sobretudo no verão, quando era temporada de frutas silvestres, Zdenka preparava o *palačinke* de que Alice tanto gostava, pequenas panquecas muito finas, com cobertura de morangos silvestres e creme chantili. Enquanto discutiam os livros que estavam lendo, ou Alice tentava despertar o interesse de Zdenka pelas aulas de filosofia que estava tendo, elas se recordavam dos dias de sua juventude.

Depois da morte de Rafi, as aulas de piano de Zdenka terminaram, e os encontros com café foram transferidos para o apartamento de Alice. Hoje, a cada domingo, Zdenka passa a maior parte do dia com a amiga; ela traz delícias tchecas caseiras, e Alice prepara o chá. Alice saboreia as horas passadas falando o tcheco de sua infância e informando-se das novidades. Elas não falam sobre os anos de guerra, mas Alice gosta de ouvir histórias sobre o pai de Zdenka, Arnošt Fantl, e de ler os cadernos de anotações dele, que reluzem de sabedoria prática. Alice concorda com a maioria dos pensamentos dele, mas suas palavras favoritas são: "Na vida, nunca tente ter demais do que quer que seja, apenas o que você necessita e um pouco mais. Quando morrer, tudo o que levará com você é o que tiver dado a outras pessoas." Um homem de negócios por profissão, ele nunca estava ocupado demais para jantar com os filhos todas as noites às sete. Para Alice, Zdenka é uma recordação do que costumava chamar de lar.

Embora Alice não mais se aventure a sair, ela se exercita caminhando com seus amigos no *lobby* do edifício. Ela nunca reclama. Como aprendeu há muito tempo, "Reclamar não ajuda. Só faz com que todos se sintam mal". Não é surpresa que seus amigos se despeçam dela sentindo-se refeitos e muitas vezes inspirados.

Anita, Geneviève, Wendy, Edith, Valerie e Zdenka tornaram-se a família adotiva e as guardiãs de Alice, desdobrando-se quanto for necessário, tomando conta dela, ajudando-a a manter a vida independente que ela conhece e ama. E elas não saem de mãos vazias. Cada uma delas reitera vezes e mais vezes quanto Alice retribui – cada uma delas foi motivada, cada uma foi tocada à sua maneira por uma nova dose do "sim" de Alice à vida.

Grata pelas amigas que tem, Alice sabe perfeitamente que o contato humano, em todas as suas formas, de fato nos mantém humanos.

Coda

Alice hoje

A vida de quem trabalha e está feliz com isso será doce.
— Eclesiastes

Nos últimos dois ou três anos, Alice sempre termina nossos telefonemas com, "Venha logo para Londres", e um toque de seu humor tcheco: "Você nunca sabe se estarei aqui." No Dia de Ação de Graças de 2010, eu corria para conseguir colocar no forno o peru com batatas, obrigatório em nosso jantar anual de celebração, antes de ir para o aeroporto. Era a primeira vez em minha vida que eu abandonaria minha filha em nosso feriado favorito. A família e os amigos chegaram quando eu terminava de fazer as malas. Com uma última instrução para que lembrassem de regar a ave, disparei pela porta, e mal tive tempo de pegar o voo da tarde. A chegada estava prevista para as 6h15 da manhã seguinte, 26 de novembro, o 107º aniversário de Alice.

Na manhã de seu aniversário, Alice acordou cedo. Havia um brilhante sol de outono, e o céu de Londres era de um azul radiante, incomum para aquela época do ano; recordava a ela a luz nos olhos azul-aço de Kafka, e a forma como ele conseguia encontrar um lado bom em tudo. Às 8h30, ela começou o dia mais cedo que de costume, praticando uma invenção de Bach. Uma hora depois, ela teve de parar para cuidar dos preparativos para as visitas que certamente viriam. Nenhuma festa havia sido planejada, não tinham sido enviados convites e não houve encomenda de nenhum bolo, mas Alice sabia que incontáveis amigos, conhecidos, estranhos e familiares apareceriam. Como não tinha mais nada para servir, ela arrumou em bandejas todos os chocolates de duas caixas que recebera de presente. Depois de colocar uma bandeja de cada vez, na mesinha diante de sua poltrona, Alice colocou um lenço colorido ao redor dos ombros e um colar de pequenas contas de marfim no pescoço. Destrancou a porta do apartamento e deixou-a aberta de antemão.

Um dos primeiros a chegar foi seu neto mais velho, David, cujo sorriso combinava com o humor daquele dia. Ele precisava correr para ir ao escritório, mas Alice estava obviamente encantada em vê-lo, mesmo que por poucos minutos. Eles jogaram beijos um para o outro através da sala. Sonia Lovett, amiga de Alice, com a permissão desta, havia posicionado discretamente uma câmera para registrar aquele dia especial. Ela trazia os votos de feliz aniversário enviados pelo pai, violoncelista no famoso Quarteto Amadeus. Ele conhecera Alice em Londres, mas o pai dele, também violoncelista, fora um amigo íntimo de Alice em Israel.

Às 10 da manhã, Zdenka chegara de braço dado com um homem mais novo, trazendo rosas vermelhas com os cabos mais longos que Alice já vira, e com as flores tão grandes que a princípio ela achou que eram de papel. Alice não conseguia parar de falar sobre elas, e queria saber onde haviam sido cultivadas. Ela também estava interessada em saber mais sobre o amigo de Zdenka, Tomas Schrecker, que estava de visita, vindo da Austrália. Quando garoto, ele estivera em um dos Winton Kindertransports que, em 1938, levou crianças judias de Praga para viver com famílias adotivas na Inglaterra.

Um a um, os amigos e conhecidos de Alice continuaram a entrar em seu apartamento minúsculo. Enquanto Zdenka se despedia apressada, o diretor de cinema Christopher Nupen e sua esposa chegaram com dois jovens pianistas, ambos estudantes estrangeiros na Royal Academy. A sala pequena agora transbordava. As conversas eram interrompidas o tempo todo por chamadas telefônicas de parabéns, vindas do mundo todo. "Alô", Alice respondia em inglês. Então seu rosto se abria em um sorriso quando reconhecia a voz, e ela prosseguia na língua de quem estava ligando. A manhã terminou com os dois alunos fazendo um dueto no piano um pouco desafinado de Alice. A despeito de toda a atenção, Alice despediu-se das visitas, para poder comer em paz a refeição entregue como sempre, e depois descansar.

De tarde veio outra leva de convidados. Geneviève chegou de Paris e, logo depois, Anita fez uma visita, trazendo um par de chinelos quentes que Alice poderia calçar sem ter que se curvar, como precisava fazer, com dificuldade, para amarrar os tênis. A conversa era calorosa e tranquila, sobretudo a respeito de música. Quando o tema chegou à dificuldade de explicar aos jovens de hoje o apreço que tantas pessoas sentiam pela música de qualidade meio século atrás, Alice foi rápida em lembrá-los de algo que Kafka escrevera: "Nossa arte consiste em[1] sermos ofuscados pela Verdade." Mas Kafka de fato não sabia nada sobre música, o grupo concordou. "Sim", Alice replicou, sorrindo, "mas ele entendia nosso respeito pela música. Com frequência ele dizia, 'Escrever é uma espécie de oração'.[2] Ouvir música, tocar concertos e mesmo praticar é uma forma de oração."

O grande bolo de chocolate decorado que Sonia conseguiu achar em uma padaria próxima era o favorito de Alice, e depois que soprou com êxito as muitas velas, ela comeu o primeiro pedaço. Mais tarde, Alice saudou mais gente: um casal de idade, sobreviventes, acompanhados pelos filhos, que queriam saudar Alice; um amigo compositor; e a vizinha de Alice, Valerie Reuben.

A sala estava repleta de gente, e várias pessoas esperavam com paciência no corredor a chance de falar com a aniversariante. Jacqueline Danson havia dirigido seu carro por mais de cem quilômetros, de sua casa em Hampshire, trazendo a mãe, Ruth, para ver Alice. Mais tarde, Jackie comentaria que a "doçura imaculada" de Alice era tão reconfortante como sempre. Desde sua mais tenra infância, Ruth Boronow Danson conhecia e amava Alice. Como Anita, crescera em Breslau, onde sua mãe, Kaethe, era professora de piano. O pai de Ruth, o falecido Dr. Ernst Boronow, um dentista bem conhecido e intelectual, havia patrocinado os concertos de Alice lá. Por seu profundo amor pela música, Ernst tornou-se um dos amigos mais próximos de Alice. Preso na *Kristallnacht*,* ele ficou detido em Buchenwald por um curto período e depois libertado. O Dr. Boronow não perdeu tempo em fugir para a Inglaterra, em maio de 1939, com a família. Alice reencontrou-se com Ernst e os filhos ao visitar Londres, na década de 1960.

Ruth recorda-se claramente de ter sido levada ao concerto de Alice em Breslau, em 1927. Jackie disse que quando seu *Opa* (avô) ouvia Alice praticar, ou mesmo uma gravação fonográfica ou uma transmissão radiofônica, "entrar na sala era como entrar em uma sinagoga ou igreja".

Às 16h15, o embaixador tcheco na Grã-Bretanha, Michael Žantovský, chegou com sua esposa e um enorme e elegante arranjo de flores brancas e cor-de-rosa. O embaixador tentou fazer uma apresentação formal, mas Alice o interrompia o tempo todo. Em um momento claramente Alice, cheio de travessura e humor, ela disse que estava mais interessada em entender como os genes funcionavam do que em receber um prêmio. Žantovský então tentou usar termos musicais para descrever como dois genes podiam

---

* "Noite dos Cristais"; assim ficaram conhecidos os atos de violência ocorridos nas noites de 9 e 10 de novembro de 1938 em diversos locais da Alemanha e da Áustria, quando os nazistas, com o beneplácito das autoridades alemãs, destruíram sinagogas, lojas e habitações de cidadãos judeus. [N. dos T.]

se encontrar por acaso, entrelaçar-se e, por fim, terminar a brincadeira ao tornarem-se uma melodia totalmente nova, e retomou seu discurso.

– Como um representante permanente da República Tcheca, estou aqui hoje, em nome de meu governo... – apenas para ser interrompido de novo por Alice, que não estava satisfeita com a explicação leiga.

– Ninguém aqui entende os genes? Sei que quando meu marido e eu fizemos um bebê, a criança herdou nossos talentos musicais através dos genes. Mas como? Quero saber como eles funcionam e por que às vezes não funcionam.

– Alice – disse o embaixador Žantovský, afagando o dorso da mão dela –, por favor me deixe fazer a apresentação, e prometo que trago para visitá-la um grande geneticista tcheco que poderá responder a todas as suas perguntas. Agora posso apresentar o prêmio?

Incorrigível, Alice olhou para o embaixador e perguntou:

– Quem o obrigou a fazer isto?

– Alice, esta homenagem é um presente de meu governo para você – respondeu ele, sempre um consumado diplomata. – Agora, por favor não interrompa, deixe-me fazer minha apresentação para que eu não perca meu emprego.

Ambos riram, e Alice finalmente concordou que o embaixador fizesse seu curto discurso diante do pequeno grupo de amigos que enchiam a pequena sala.

O prêmio era a medalha Artis Bohemiae Amicis 2010, do Ministério da Cultura tcheco, pela promoção da cultura tcheca no exterior. Em sua fala, o embaixador Žantovský mencionou que sua avó também tinha sido prisioneira em Theresienstadt e que talvez ela tivesse ouvido os concertos de Alice no campo de concentração. Também contou que muito antes de ser enviado para Londres, ele havia servido como embaixador em Israel. Por fim ele abriu uma caixa que continha uma imponente placa de latão, onde estava gravada uma citação para Alice.

Uma vez mais as velas foram acesas e todo mundo cantou "Parabéns pra você" em uma cacofonia de tcheco, hebraico, alemão e inglês. Alice começava a ficar cansada com a agitação do dia.

A experiência do Holocausto afetou de forma diferente cada sobrevivente e cada família. Elie Wiesel passou toda a vida pensando sobre a insanidade total que ele testemunhou dia após dia, o mal que destruiu sua família e milhões do povo judeu. Ele discutiu com Deus e concluiu, "Deus é o silêncio[3] de Deus". Alice concorda com Wiesel, e com Einstein, que disse acreditar no "Deus de Spinoza, que se revela[4] na harmonia organizada do que existe, não em um Deus que se preocupa com os destinos e as ações dos seres humanos". Alice fala do fim de sua vida e a percepção de que ela, como todos nós, é uma partícula minúscula no infinito de Deus ou do que chamamos de universo. Alice diz, confiante, "Eu vivi na música, vou morrer na música", que é sua forma mortal de conectar-se com o infinito.

Alice é capaz de deixar o passado para trás; ela obtém forças vivendo no presente. Depois da Revolução de Veludo, em 1989, quando o governo comunista da Tchecoslováquia foi deposto e Václav Havel se tornou o primeiro presidente livre do país, as viagens irrestritas se tornaram possíveis. Os ex-prisioneiros de Theresienstadt começaram a organizar-se e a realizar cerimônias no campo de concentração. Ano após ano, centenas de sobreviventes reúnem-se lá; apresentações de *Brundibár* e do Réquiem de Verdi são remontadas no antigo hipódromo. Alice nunca compareceu. Ela jamais quis voltar a seu país natal. Os tchecos ainda não lhe devolveram a cidadania. Seu passaporte exibe a cidadania israelense, e ela tem residência permanente na Grã-Bretanha. Este é o presente de Alice.

Mas a homenagem feita pelo ministério tcheco foi significativa para ela, e despertou boas lembranças de "como as coisas eram".

Como sua mãe teria ficado orgulhosa do reconhecimento formal da filha pelo governo.

Alice entrou em minha vida em um momento em que eu precisava de sua inspiração e estava aberta a aprender com ela. Minha visão não era mais o que costumava ser. O dia mais luminoso parecia nublado. E então tropecei em um milagre acidental, ou ao menos o evento teve um efeito miraculoso sobre mim. Eu fazia um documentário sobre Alice, que à época tinha apenas 103 anos. Tínhamos passado a maior parte da tarde filmando, e depois no restaurante eu não pude encontrar os óculos para ler o menu. Supondo que tivessem caído de minha cabeça no apartamento minúsculo de Alice, pedi a um jovem assistente, Sean, para ir buscá-los. Voltando de mãos vazias, Sean informou que não havia encontrado os óculos em canto algum, e que eu os devia ter perdido em outro lugar.

Alice estava esperando à porta quando cheguei para entrevistá-la no dia seguinte. Com um amplo sorriso, ela disse, "Encontrei seus óculos hoje de manhã". Ao entregá-los para mim, ela mencionou que também havia achado uma das lentes, que caíra.

Eu não podia acreditar que os velhos olhos de Alice eram tão mais aguçados que os meus ou os de Sean. Percebi então que a questão não era apenas um par de óculos e a habilidade de ver bem, ou simplesmente de ver.

A visão de Alice me tornou capaz de encarar o maior teste da minha vida, a enfermidade de minha única filha. Esse foi um choque que me forçou a encarar os limites da existência e encontrar força e calma no exemplo de Alice. Dentro de mim, continuo a sentir os efeitos de sua habilidade em aceitar a realidade, em não permitir que a raiva ou a frustração dominem sua vida nem por breves momentos, em reunir a coragem de confiar em seus instintos e não depender da aprovação dos outros, e em agarrar-se à esperança. E sim, há também a risada de Alice, o riso efervescente de todos os dias. Muito antes das pesquisas recentes sobre as propriedades curativas do riso, Alice compreendeu os imensos benefícios à saúde induzidos pelo ato de rir, e como ao rirmos o corpo absorve mais oxigênio. Sua risada é uma bênção que me fez, e a muitos outros, sentir-me melhor; sua influência levou-me a uma vida mais pacífica, uma visão mais clara, e um contentamento e gratidão pela própria vida.

Na manhã após a comemoração do aniversário, quando chego Alice está de pé em frente ao peitoril da janela, que está ocupado por algumas plantinhas – presentes de desconhecidos. Enquanto olha para fora, ela vislumbra as cores do fim do outono e a hera eternamente verde, fragmentos do mundo natural que são uma parte importante dela. "Veja que lindo. A natureza", ela me diz. Citando sua própria tradução de Spinoza, Alice diz: "Somos a natureza. Deus é a natureza." Ela faz uma pausa para refletir. "É impossível acreditar, tenho 107 anos. Você sabe que sou muito independente e tenho a liberdade de pensar por mim mesma. Estou tão feliz por ter acordado hoje."

Enquanto escrevo isto, Alice Herz-Sommer acaba de comemorar seu 108º aniversário. Ela continua a praticar e a aperfeiçoar seu repertório com uma concentração miraculosa, sempre em busca da perfeição tão fugidia. Um de seus visitantes perguntou-lhe, recentemente, por que ela ainda passa tanto tempo praticando as mesmas peças. Cruzando os braços, ela o olhou bem nos olhos. "Sou uma artista. Alguns dias eu admiro a mim mesma. Nada mal, penso. Mas quanto mais trabalho, mais descubro que sou apenas uma principiante. Não importa quão bem eu conheça uma peça de Beethoven, por exemplo, sempre posso ir mais fundo, e mais fundo ainda. Uma das recompensas em ser musicista é a possibilidade de praticar a mesma obra musical e descobrir novos significados, sem entediar-

-se, por pelo menos cem anos. Eu estudo a linguagem da música com o mesmo fervor que os eruditos reexaminam as escrituras sagradas. O trabalho do artista nunca termina. É o mesmo com a vida. Podemos apenas seguir adiante rumo à retidão moral. Como na música, procuro um significado. Eu pratico a vida."

Para Stefan Zweig, era assombroso que durante a primeira metade do século XX, o ser humano tivesse realizado o impossível de ontem: a conquista do ar, a transmissão radiofônica da palavra humana, a fissão do átomo, a cura das doenças mais terríveis. Ele escreveu: "Não foi senão em nosso tempo[5] que a humanidade como um todo se comportou de maneira tão infernal, e nunca antes conseguiu realizar façanhas como as dos deuses." Zweig prosseguiu, "Nosso maior débito de gratidão[6] é com aqueles que, nestes tempos desumanos, confirmam o que temos de humano em nós." Como testemunha do século XX, Alice viveu através dos extraordinários feitos científicos e culturais que Zweig relatou; ela experimentou as maiores recompensas que a civilização tem a oferecer – o poder da música, literatura, arte, novidades tecnológicas, ciência e filosofia traz o melhor da humanidade – e sobreviveu à maior degradação do espírito humano que o mundo ocidental já conheceu. Ainda assim, ao mergulhar na arte ao mesmo tempo que mantinha uma estreita conexão com o mundo a seu redor, com a música e com o que Kafka chamou de algo "indestrutível"[7] bem em seu âmago, Alice encontrou a felicidade duradoura – que para todos nós pode ser a fonte verdadeira da juventude eterna.

Nas palavras de Alice

Cheguei a esta idade porque uso meu cérebro constantemente. O cérebro é o melhor remédio para o corpo.

Apenas quando somos velhos é que percebemos a beleza da vida.

A gratidão é essencial para a felicidade.

O senso de humor nos mantém equilibrados em todas as circunstâncias, até na morte.

Reclamar não ajuda. Só faz com que todos se sintam mal.

Rir é maravilhoso. Faz você e os demais sentirem-se felizes.

Ame seu trabalho. Quando você ama o que faz, você nunca se sente entediado. O tédio é insalubre.

Quando amamos nosso trabalho, desfrutamos a sensação de realização a cada pequena realização.

Generosidade acima de tudo.

A escola é importante, mas é o que as crianças aprendem na atmosfera do lar que dura para sempre. A atmosfera bonita, intelectual e musical de minha infância me sustentou até hoje.

A escola é só o começo. Podemos aprender durante toda a vida.

Cresci com a amizade. Apaixonei-me pela mente do meu futuro marido e por seu conhecimento. No casamento, a amizade é mais importante que o amor romântico.

Nunca fico cansada porque minha mente é ativa.

Mantenha-se informado. A tecnologia é maravilhosa.

Aprendi a seguir em frente com esperança.

As crianças precisam do amor incondicional para crescer e transformar-se em seres humanos plenos. Meu conselho é conversar com seus filhos, nunca usar palavras ásperas. Paciência, bondade e amor – é o alimento de que uma criança precisa.

Seja bom. A bondade é gratuita. Não lhe custa nada, e a recompensa é boa para todos.

Quando toco Bach, estou no céu.

Meu mundo é a música. Música é sonho. Ela nos leva ao paraíso.

Sou mais rica que a pessoa mais rica do mundo, pois sou musicista.

As crianças devem estudar música. Ela ajuda com tudo na vida. Essa beleza está sempre em minha mente.

Quando estou com pessoas jovens, sou a mais jovem de todos.

Eu amo as pessoas. Tenho interesse pela vida dos demais.

Ninguém pode roubar sua mente. Admiro o povo judeu por seu extraordinário compromisso com a educação de alto nível.

A educação das crianças é um valor familiar muito importante.

Compreender os outros pode levar à paz.

Posso dizer que a guerra só leva à guerra. Quase toda religião do mundo diz "Não matarás", mas a maioria das religiões mata em nome de Deus. Até as adagas de Hitler diziam *Gott mit uns.**

Cada dia é um milagre. Não importa quão ruins sejam as circunstâncias, tenho a liberdade de escolher minha atitude frente à vida, até de encontrar alegria. O mal não é novidade. Cabe a nós lidarmos com o bem e com o mal. Ninguém pode nos tirar esse poder.

A vida é maravilhosa. Sentar e conversar sobre tudo com os amigos é maravilhoso.

Não precisamos de coisas. Os amigos são preciosos.

Precisamos dar valor ao tempo. Cada instante passado se vai para sempre.

A música salvou minha vida. A música é Deus.

O otimismo me ajudou nos dias mais negros. Ele me ajuda agora.

---

* Em alemão no original, "Deus esteja conosco". [N. dos T.]

Quanto mais leio, penso e falo com as pessoas, mais percebo como sou feliz.

Quando eu morrer, poderei sentir algo bom. Fiz meu melhor. Creio que vivi minha vida da maneira certa.

Agradecimentos

Acima de tudo, sou profundamente grata a Alice Herz-Sommer. É minha esperança ter conseguido capturar de forma correta sua vida e transmitir ao menos uma amostra da coragem e da inspiração que ela me deu.

Um débito extraordinário de gratidão é devido a meus amigos Marion Wiesel, que sugeriu escrever este livro; Elie Wiesel e o presidente Václav Havel, por suas generosas contribuições; e Oldřich Černý, diretor executivo do Fórum 2000 e do Securities Institute de Praga, que descobriu e traduziu materiais até então desconhecidos sobre a vida de Michal Mareš. E agradeço ao Dr. Willard Gaylin por toda uma vida de amparo intelectual e coragem.

O mais caloroso obrigada aos amigos, antigos alunos e parentes de Alice em Londres, Nova York e Israel, que graciosamente permitiram-me entrevistá-los, atendendo com alegria a meus telefonemas pelos últimos seis anos; suas informações e reflexões foram inestimáveis.

Meu profundo agradecimento a Lukáš Přibyl, historiador e diretor de documentários, que pesquisou os arquivos de Terezin, em busca de informações relevantes; ao falecido Joža Karas, que generosamente compartilhou sua pesquisa sobre a vida de Alice, baseada nas entrevistas que gravou com ela em Israel, na década de 1970; a Milan Kuna, musicólogo tcheco; aos falecidos Karel Berman e Paul Sanford, por horas de conversa sensível e riqueza de memórias acuradas; a Polly Hancock, pela sensibilidade de sua fotografia; a Sophia Rosoff por sua profundidade de entendimento; ao Dr. Arnold Cooper por seu apoio; aos falecidos Dr. Viktor Frankl e Hans Morgenthau, por compartilharem suas lembranças; a Eva Haller, pelo encorajamento e entusiasmo intermináveis; a Carsten Schmidt, biógrafo de Felix Weltsch, que encontrou nos arquivos da Universidade Hebraica de Jerusalém uma carta escrita por Leopold Sommer, traduzindo-a; a Yuri Dojc, por suas belas fotografias; a Laura Siegel pela ajuda brilhante; e a Chaim Adler, Martin Anderson, Dr. Sigrid Bauschinger, Ralph Blumenau, Clemente D'Alessio, Jacqueline Danson, Ruth Boronow Danson, Yuri Dojc, Lucinda Groves, Zdenka Fantlova, Katya Krasova, Anita Lasker-Wallfisch, Annie Lazar, Hilde Limondjian, Nurit Linder, Anthony LoPresti, David Lowenherz, Ester Maron, Keith Menton, Edna Mor, Lea Nieman, Valerie Reuben, Lawrence Schiller, Meira Shaham, Dr. Alan Skolnikoff, Connie Steensma, Geneviève Teulières-Sommer, Robin Tomlinson, Ela Weissberger e o embaixador Michael Žantovský por suas inestimáveis contribuições.

Este livro não estaria completo sem uma nota muito especial de infinita gratidão a minha agente e amiga Marly Rusoff, por sua fé e apoio; a Cindy Spiegel, minha *publisher* e editora, por sua crença no projeto e sua brilhante edição; e a Lorna Owen, por sua compreensão e encorajamento constante. E a minha querida filha, Anna Elizabeth Stoessinger, a quem dedico este livro.

Notas

Prelúdio

1 **"Aqueles que queimam livros"**: Heinrich Heine, *Almansor: A Tragedy* (1823), tradução Graham Ward (*True Religion*, 2003), p. 142.

2 **Raphaël ou "Rafi"**: Alice batizou seu filho como Bedřich Štěpán Sommer e chamava-o de Štěpán. Quando ela e o filho, então com 11 anos, imigraram para Israel, mudaram o nome dele para Raphaël. Ao longo de todo o livro refiro-me a ele como "Raphaël" ou "Rafi ", como Alice faz hoje. Mesmo ao contar histórias dele como bebê, ela nunca o chama de Štěpán.

3 **"Esta é nossa resposta à violência"**: Leonard Bernstein, *Findings* (Nova York: Simon & Schuster, 1982), p. 218.

4 **"É sábio aquele"**: Epiteto, citado em Lloyd Albert Johnson, *A Toolbox for Humanity: More Than 9000 Years of Thought* (Trafford Publishing, 2006), p. 158.

Capítulo 1: Alice e Franz Kafka

1 **"Alguém devia ter caluniado Josefk"**: Franz Kafka, *The Trial*, tradução de Breon Mitchel (Nova York: Schocken Books, 1998), p. 3.

2 **"Quando Gregor Samsa despertou, certa manhã"**: Franz Kafka, *The Metamorphosis*, tradução de Stanley Corngold (Nova York: W. W. Norton, 1996), p. 3.

3 **"Era tarde da noite quando K. chegou"**: Franz Kafka, *The Castle*, tradução de Mark Harman (Nova York: Schocken Books, 1998), p. 1.

4 **"Estou acostumado com a indecisão"**: Ronald Hayman, *Kafka: A Biography* (Oxford University Press, 1982).

5 **"Nunca foi minha intenção"**: Max Brod, *Franz Kafka: A Biography*, tradução de G. Humphreys Roberts e Richard Winston (Nova York: Da Capo Press, 1995), p. 249. Esta afirmação estava no último parágrafo do breve *résumé* de Kafka:

Résumé

Nasci em Praga, em 3 de julho de 1882, estudei na escola elementar de Altstadter até o quarto ano, e então entrei no Ginásio Estadual Alemão de Altstadter. Aos 18 anos comecei meus estudos na Universidade Alemã Karl Ferdinand [Charles] em Praga. Depois de passar nos exames finais, entrei na firma do procurador Richard Lowy, Altstadter Ring, em 1º de abril de 1906, em período probatório. Em junho, fiz o exame oral em história e no mesmo mês formei-me com o grau de Doutor de Leis.

Como eu combinara previamente com o advogado, entrei em sua firma para obter um ano de experiência. Nunca foi minha intenção permanecer na profissão legal. Em 1º de outubro de 1906 passei a trabalhar para ele e assim permaneci até 1º de outubro de 1907.

– Dr. Franz Kafka

6 **"Eu não podia compreender"**: *Ibid.*, p. 26.

7 **"Ele era assim"**: *Ibid.*, p. 107.

8 **"Encontrar alguma pessoa"**: *Ibid.*, p. 196. A citação inteira é, "Não há ninguém que me entenda por completo. Encontrar alguma pessoa com esse entendimento, uma mulher, por exemplo, isso seria tomar pé em todos os sentidos, significaria ter Deus."

9 **"Mãos tão suaves"**: *Ibid.*, p. 196.

10 **"Aquele era o começo"**: *Ibid.*, p. 196.

Capítulo 2: Um coração tolerante

1 **"paz com honra"**: Neville Chamberlain, discurso no aeródromo de Heston e Downing Street nº 10, a 30 de setembro de 1938, *in* James Cushman Davis, *The Human Story: Our History, from the Stone Age to Today* (Nova York: HarperCollins, 2003), p. 326.

2 **"Os judeus da Boêmia e da Morávia"**: Dr. Detler Muhlberger, *A Brief History of the Ghetto of Terezin* (Oxford, 1988). http://www.johngoto.org.uk/terezin/history.html. Ronald H. Isaas e Kerry M. Olitzky, *Critical Documents of Jewish History: A Sourcebook* (Northvale, N.J.: Jason Aronson, Inc.), 38-48.

Capítulo 3: Descascando batatas

1 **"Não é por acidente que muitos me acusam"**: Entrevista com Oriana Fallaci, publicada em *Ms.*, abril de 1973, p. 76.

2 **"Embora eu não saiba muito sobre música"**: Menahem Meir, *My Mother Golda Meir* (Nova York: Arbor House Publishing Company, 1983), p. 46.

3 **"É dever de todos"**: Howard Taubman, *The Maestro: The Life of Arturo Toscanini* (Nova York: Simon & Schuster, 1951), p. 224.

4 **"fazendo isso pela humanidade"**: *Ibid.*, p. 227.

5 **"O fato de que Toscanini e outros"**: Menahem Meir, *My Mother Golda Meir* (Nova York: Arbor House Publishing Company, 1988), p. 46.

6 **"devoção quase religiosa":** *Ibid.*, p. 45.

Capítulo 5: Começando de novo

1 **"você não pode mais voltar para casa":** em inglês, *You Can't Go Home Again*, é o título de um romance de Thomas Clayton Wolfe (1900-1938), estadunidense da Carolina do Norte. No final da obra, publicada postumamente, em 1940, por Harper and Brothers, Wolfe escreveu: "Você não pode voltar para sua família, não pode voltar para sua infância... fama... voltar para os sonhos juvenis de glória e para os lugares no campo, voltar às velhas formas e sistemas de coisas que um dia pareceram permanentes mas que mudam o tempo todo – voltar para as fugas do Tempo e da Memória."

Os livros de Wolfe foram *best-sellers* na Alemanha, onde o autor foi tratado como celebridade pela sociedade literária. Desenvolveu uma forte amizade com Mildred Harnack, que organizou com o marido alemão, Arvid, um grupo de resistência antinazista, reunindo amigos e ex-alunos. Os nazistas deram ao grupo um nome-código, Die Rote Kapelle (A Orquestra Vermelha). Em 1936, Wolfe fez sua última viagem a Berlim, para assistir às Olimpíadas. Durante a visita, ele testemunhou incidentes brutais contra os judeus. Inspirado pela Sra. Harnack, escreveu uma noveleta sobre suas experiências, "Tenho algo para contar", que foi publicada em *The New Republic*,* em três partes (10, 17 e 24 de março de 1937). Depois da publicação, os nazistas baniram os livros de Wolfe e proibiram-no de entrar no país. Arvid Harnack foi preso e executado em dezembro de 1942. A mando de Hitler, Mildred, estadunidense do Wisconsin, foi decapitada na Prisão de Plotzensee, no início de 1943.

---

* Revista estadunidense de política e artes, fundada em 1914 e ainda em circulação. [N. dos T.]

2 **"Um grupo de Guardas Revolucionários e outras gangues"**: Michal Mareš, *Dnešek* 1, Praga, 11 de julho de 1946.

3 **"Se de fato existe liberdade"**: Michael Mareš, *Přicházím z periferie republiky* (Venho da Periferia da República), tradução de Oldřich Černý (Praga, Academia Press, 2009).

4 **Ele confirmou seus planos:** De acordo com Pavel Koukal, editor da autobiografia de Mareš, *Přicházím z periferie republiky,* Mareš "gostaria de, no futuro, viver com Alice Herz-Sommer, cujo filho Štěpán [Rafi] ele queria adotar". Na página 177, Koukal faz referência a uma carta enviada a Mareš por Ivan Bambas-Bor, em 21 de agosto de 1947. Bambas-Bor convida Mareš a ir até Kutná Hora, cidade situada a quarenta quilômetros de Praga, para dar uma palestra. Supondo que Mareš viajaria com Alice, ele também a convida para dar um concerto após a palestra.

Capítulo 6: A colher de estanho

1 **"Música é amor, e amor é música"**: Melissa Muller e Reinhard Piechocki, *A Garden of Eden in Hell,* tradução de Giles MacDonogh (Londres: Macmillan, 2006), p. 67.

2 **"não era tão terrível para Daisy"**: *Ibid.*, p. 80.

3 **"Estamos todos bem exceto Štěpán"**: Leopold Sommer, tradução de Carsten Schmidt, carta a Willy e Felix Weltsch, Israel, Universidade Hebraica de Jerusalém (JNUL), Arc. Ms. 418 Felix Weltsch, 26 de fevereiro de 1940.

4 **"O amor não consiste em olhar"**: Antoine de Saint-Exupéry, *Wind, Sand and Stars,* tradução de Lewis Galantiere (Nova York: Harcourt, 1939), p. 73.

Capítulo 7: Nunca se é velho demais

1 **"não é de fato uma universidade no sentido normal"**: Ralph Blumenau, Londres, perfil de Ralph Blumenau em Amazon.com.

2 **"Sem a música, a vida seria um erro"**: Friedrich Nietzsche, *Twilight of the Idols* (1895), tradução de Walter Kaufmann e R. J. Hollingdale, Maxims and Arrows, parágrafo 33.

Capítulo 8: A música era nosso alimento

1 **"Sem dúvida você está pensando"**: Tim Smith, Baltimore *Sun,* 2 de outubro de 2010.

2 **sentado sozinho entre muitas pessoas idosas:** Ivan Klíma, *The Spirit of Prague,* tradução de Paul Wilson (Nova York: Granta Books, 1993), p. 22.

3 **"O Espelho Divino de Chopin"**: *Music in Terezin 1941-1945* (Stuyvesant, N.Y.: Pendragon Press, 1990), pp. 172-73.

4 **Ela sorri, recordando [...] Pavel Haas:** enquanto Pavel Haas estava escrevendo músicas baseadas na poesia chinesa, em um campo de concentração, seu irmão Hugo estava em Hollywood, interpretando um dos papéis principais em um filme com Gregory Peck. Haas pereceu em Auschwitz. Hugo, que antes da guerra fugira para a Califórnia com sua esposa não judia, atuou em numerosos filmes, interpretando personagens menores.

Capítulo 10: Instantâneos

1 **"Nada enganou tanto os intelectuais alemães"**: Stefan Zweig, *The World of Yesterday* (Lincoln: University of Nebraska Press, 1964), p. 362.

2 **"Então veio o incêndio do Reichstag"**: *Ibid.,* pp. 364-65.

3 **"A memória é o escriba"**: Aristóteles, citado em John Bates, *A Cyclopedia of Illustrations of Moral and Religious Truths* (Londres: Elliot Stock, 1865), p. 583.

Capítulo 11: O homem na cabine de vidro

1 **"não era, sob nenhum aspecto"**: Golda Meir, *My Life* (Nova York: G. P. Putnam's Sons, 1975), p. 179.

2 **"Se apenas o acusado"**: Elie Wiesel, *All Rivers Run to the Sea: Memoirs*, tradução de Marion Wiesel (Nova York: Schocken Books, 1995), p. 348.

3 **"Eu só era responsável"**: O julgamento de Adolf Eichmann, Registro do Processo na Corte Distrital de Jerusalém, volume 5, Arquivos do Estado de Israel, 1995, p. 1982.

4 **"Sim, mas ele era judeu"**: Peter Z. Malkin e Harry Stein, *Eichmann in My Hands* (Nova York: Warner Books, 2000), p. 110.

5 **"um transmissor"**: transcrição do julgamento de Adolf Eichmann, *Great World Trials*, organizado por Edward W. Knappman (Canton, Michigan.: Visible Ink, 1997), pp. 132-337.

6 **"Eu não podia tirar os olhos"**: Wiesel, *All Rivers Run to the Sea,* p. 347.

7 **"Eu nunca fiz nada"**: transcrição do julgamento de Adolf Eichmann, *Great World Trials*, organizado por Edward W. Knappman (Canton, Michigan: Visible Ink, 1997), pp. 132-337.

8 **"Agora que olho para trás"**: Roger Cohen, "Why? New Eichmann Notes Try to Explain", *The New York Times,* 13 de agosto de 1999. Cohen escreve, "[Eichmann] reclamava regularmente sobre as cotas dos campos de extermínio não estarem sendo cumpridas, sobre os problemas de conseguir levar todos os judeus franceses para os campos de extermínio, e sobre a falta intermitente de cooperação dos italianos. Em 1944, ele desempenhou um papel decisivo e escancarado na morte dos judeus húngaros, e em agosto daquele ano anunciou que quatro milhões de judeus haviam morrido nos campos de extermínio e outros dois milhões nas mãos das unidades móveis de extermínio na Europa Oriental. Em nenhum momento ele demonstrou o menor remorso pelo

planejamento, organização e execução do que se tornou conhecido como o Holocausto."

9 **"Legalmente, não, mas"**: transcrição do julgamento de Adolf Eichmann, *Great World Trials*, organizado por Edward W. Knappman (Canton, Michigan: Visible Ink, 1997), pp. 132-337.

10 **"Saltarei rindo para dentro do túmulo"**: *Ibid.*, pp. 132-337.

11 **"banalidade do mal"**: Hannah Arendt, *Eichmann in Jerusalem: A Report on the Banality of Evil* (Nova York: Penguin, 1977), p. 252.

12 **"A triste verdade"**: *Ibid.*, p. 276. "[Arendt] concluiu que a incapacidade de Eichmann em falar de forma coerente no tribunal estava ligada à incapacidade de pensar, ou de pensar sob o ponto de vista de outra pessoa. Sua falta de profundidade não era, de forma alguma, idêntica à estupidez. Ele não personificava nem o ódio, nem loucura e nem uma sede insaciável por sangue, mas algo muito pior, a natureza anônima do próprio mal nazista, dentro de um sistema fechado regido por criminosos patológicos e destinado a esfacelar a personalidade de suas vítimas. Os nazistas haviam conseguido virar do avesso a ordem legal, transformando o errado e o malévolo nas bases de sua nova 'moralidade'. No Terceiro Reich, o mal perdeu sua característica própria, pela qual a maioria das pessoas até então o reconhecia. Os nazistas o definiram como uma norma civil. A bondade convencional tornou-se uma mera tentação, à qual a maioria dos alemães depressa aprendia a resistir. Dentro desse mundo invertido, Eichmann (talvez como Pol Pot quatro décadas depois) parecia não ter estado ciente de ter feito o mal. Em termos de moralidade elementar, alertou Arendt, o que antes se consideravam instintos decentes não mais deviam ser esperados." Da introdução por Amos Elon, p. xiii.

13 **"existe uma estranha interdependência"**: *Ibid.*, p. 288.

14 **"Queres conhecer-te a ti mesmo"**: Edgar Alfred Bowing, *Friedrich Schiller* (Londres: John W. Parker & Son), 1851.

15 **"Eu só disse o que todo mundo"**: Max Bruch, carta a Estera Henschel, Musikantiquariat Dr. Ulrich Drüner, Stuttgart, Catálogo 65, 2009, p. 23.

Capítulo 12: Nem uma palavra áspera

1 **"Passamos a ter uma vida simples"**: Paul Tortelier e David Blum, *Paul Tortelier: A Self-Portrait* (Londres: William Heinemann, 1984), p. 112.

2 **"A arte de Johann Sebastian Bach"**: *Ibid.*, p. 24.

Capítulo 13: Primeiro voo

1 **"O Estado de Israel está estabelecido"**: Golda Meir, *My Life* (Nova York: G. P. Putnam's Sons, 1975), p. 228.

2 **"O Estado de Israel! [...] e eu"**: *Ibid.*, p. 226.

3 **"O Estado de Israel estará aberto"**: *Ibid.*, p. 227.

4 **"Na Basileia, fundei"**: *Ibid.*, p. 226.

5 **"Em cinco anos"**: *Ibid.*, p. 226.

6 **"É absolutamente essencial"**: Daniel Barenboim, http://www.west-eastern-divan.org/the-orchestra/daniel-barenboim.

7 **"Seja paciente com tudo"**: Rainer Maria Rilke, *Letters to a Young Poet*, tradução de M. D. Herter (Nova York: W. W. Norton, 1934), p. 27.

Capítulo 14: Alice, a professora

1 **"componho para a glória"**: Joseph Machlis, *The Enjoyment of Music* (Nova York: W. W. Norton).

Capítulo 15: Círculo de amigos

1 **Zdenka Fantlova**, *The Tin Ring: How I Cheated Death,* tradução de Deryck Viney (Newcastle upon Tyne, Reino Unido: Northumbria Press, 2010), p. 35.

Coda: Alice hoje

1 **"Nossa arte consiste em"**: Brod, *Franz Kafka.*

2 **"Escrever é uma espécie de oração"**: *Ibid.*, p. 214.

3 **"Deus é o silêncio"**: Elie Wiesel, *Ani Maamin,* tradução de Marion Wiesel (Nova York: Random House, 1973), p. 87.

4 **"Deus de Spinoza, que se revela"**: Alberto A. Martinez, *Science Secrets: The Truth About Darwin's Finches, Einstein's Wife, and Other Myths* (Pittsburgh: University of Pittsburgh Press, 2011).

5 **"Não foi senão em nosso tempo"**: Zweig, *The World of Yesterday,* p. xxi.

6 **"Nosso maior débito de gratidão"**: *Ibid.*, p. xii.

7 **"indestrutível"**: "O homem não pode viver sem uma fé duradoura em algo indestrutível dentro de si." Brod, *Franz Kafka,* p. 214. De acordo com Brod, "Nesta sentença Kafka formulou sua posição religiosa".

Bibliografia

Arendt, Hannah. *Eichmann in Jerusalem: A Report on the Banality of Evil.* Nova York: Penguin, 1977.

Bascomb, Neal. *Hunting Eichmann.* Nova York: Houghton Mifflin, 2009.

Bernstein, Leonard. *Findings.* Nova York: Simon & Schuster, 1982.

Brod, Max. *Franz Kafka: A Biography.* Traduzido por G. Humphreys Roberts e Richard Winston. Nova York: Da Capo Press, 1960.

Bryant, Chad. *Prague in Black: Nazi Rule and Czech Nationalism.* Cambridge, Massachusetts: Harvard University Press, 2007.

Elon, Amos. *The Pity of It All: A Portrait of the German-Jewish Epoch, 1742-1933.* Nova York: Henry Holt, 2009.

Fantlova, Zdenka. *The Tin Ring: How I Cheated Death.* Traduzido por Deryck Viney. Newcastle upon Tyne, Reino Unido: Northumbria Press, 2010.

Frankl, Viktor E. *Man's Search for Meaning.* Traduzido por Else Lasch, Harold Kushner e William J. Winslade. Boston: Beacon Press, 1959.

Garrett, Don (org.). *The Cambridge Companion to Spinoza.* Nova York: Cambridge University Press, 1996.

Gilbert, Martin. *A History of the Twentieth Century: Volume II: 1933--1951.* Nova York: William Morrow, 1999.

————. *The Holocaust: A History of the Jews of Europe During the Second World War.* Nova York: Holt, Rinehart and Winston, 1986.

————. *Israel: A History.* Nova York: William Morrow and Company, 1998.

————. *The Righteous: The Unsung Heroes of the Holocaust.* Nova York: Henry Holt, 2003.

Goldsmith, Martin. *The Inextinguishable Symphony: A True Story of Music and Love in Nazi Germany.* Nova York: John Wiley & Sons, 2000.

Goldstein, Rebecca. *Betraying Spinoza: The Renegade Jew Who Gave Us Modernity.* Nova York: Schocken Books, 2006.

Herzl, Theodor. *The Jewish State.* Nova York: Dover Publications, 1988.

Kafka, Franz. *The Castle* [*O Castelo*]. Nova York: Schocken Books, 1998.

————. *Dearest Father* [*Carta ao Pai*]. Traduzido por Hannah e Richard Stokes. Surrey, Reino Unido: One World Classics, 2008.

————. *Diaries 1910-1923.* Traduzido por Joseph Kresh e Martin Greenberg, com a colaboração de Hannah Arendt. Nova York: Schocken Books, 1948.

————. *Letters to Friends, Family, and Editors.* Traduzido por Richard e Clara Winston. Nova York: Schocken Books, 1977.

————. *The Metamorphosis* [*A Metamorfose*]. Traduzido por Stanley Corngold. Nova York: W. W. Norton & Company, 1972.

————. *The Trial* [*O Processo*]. Traduzido por Breon Mitchell. Nova York: Schocken Books, 1998.

Karas, Joža. *Music in Terezin, 1941-1945.* Stuyvesant, N.Y.: Pendragon Press, 1990.

Kennedy, John F. *Why England Slept.* Garden City, N.Y.: Dolphin Books, 1962.

Klíma, Ivan. *The Spirit of Prague.* Traduzido por Paul Wilson. Nova York: Granta Books, 1974.

Kuna, Milan. *Hudba na hranici života* [*Música no Limiar da Vida*]. Naše vojsko – Černý svaz protifašistických bojovníků. Praga, 1990.

Kurz, Evi. *The Kissinger Saga: Walter and Henry Kissinger, Two Brothers from Furth, Germany*. Londres: Weidenfeld & Nicolson, 2000.

Lang, Jochen von (org.). *Eichmann Interrogated: Transcripts from the Archives of the Israeli Police*. Traduzido por Ralph Manheim. Nova York: Farrar, Straus & Giroux, 1983.

Levi, Erik. *Music in the Third Reich*. Londres: Macmillan, 1994.

Levi, Primo. *Survival in Auschwitz*. Traduzido por Stuart Wolf. Nova York: Simon & Schuster, 1996.

Lipstadt, Deborah E. *The Eichmann Trial*. Nova York: Schocken Books, 2011.

Malkin, Peter Z. e Harry Stein. *Eichmann in My Hands*. Nova York: Warner Books, 1990.

Meir, Golda. *My Life*. Nova York: G. P. Putnam's Sons, 1975.

Meir, Menahem. *My Mother Golda Meir*. Nova York: Arbor House, 1983.

Miller, James. *Examined Lives: From Socrates to Nietzsche*. Farrar, Straus and Giroux, 2011.

Muller, Melissa e Reinhard Picchocki. *A Garden of Eden in Hell*. Traduzido por Giles MacDonogh.

Newman, Richard, com Karen Kirtley. *Alma Rose: Vienna to Auschwitz*. Portland, Oregon: Amadeus Press, 2000.

Rilke, Rainer Maria. *Letters to a Young Poet*. Traduzido por M. D. Herter. Nova York: W. W. Norton, 1954.

Robertson, Ritchie. *Kafka*. Nova York: Sterling, 2010.

Saint-Exupéry, Antoine de. *Wind, Sand and Stars*. Traduzido por Lewis Galantiere. Nova York: Harcourt, 1939.

Seckerson, Edward. *Mahler*. Nova York: Omnibus Press, 1983.

Taubman, Howard. *The Maestro: The Life of Arturo Toscanini*. Nova York: Simon & Schuster, 1951.

Tortelier, Paul e David Blum. *Paul Tortelier: A Self-Portrait*. Londres: William Heinemann, 1984.

Wallfisch-Lasker, Anita. *Inherit the Truth: A Memoir of Survival and the Holocaust*. Nova York: St. Martin's Press, 2000.

Wiesel, Elie. *Ani Maamin: A Song Lost and Found Again*. Traduzido do francês por Marion Wiesel. Nova York: Random House, 1973.

————. *Memoirs: All Rivers Run to the Sea*. Nova York: Alfred A. Knopf, 1995.

Zweig, Stefan. *The World of Yesterday*. Nova York: Viking Press, 1943.

Sobre a autora

Caroline Stoessinger é pianista e já se apresentou nos palcos de Carnegie Hall, Lincoln Center e Metropolitan Museum of Art; em salas de concerto de Tóquio e Johannesburgo à Opera House de Sydney, e da Casa Branca ao Castelo de Praga. Por 25 anos, ela se apresentou repetidas vezes com o Quarteto de Cordas de Tóquio, Quarteto de Xangai, Quarteto Talich e a Orquestra Filarmônica do Brooklyn. Lukas Foss compôs a Elegia para piano e orquestra para Stoessinger, que apresentou a *première* da obra em Nova York e Oslo, sob a regência do compositor. Produziu e escreveu roteiros para programas televisionados internacionalmente e eventos públicos incluindo a dedicatória do violino Schindler no Museu Memorial do Holocausto dos Estados Unidos, em Washington, D. C., e a primeira produção de *Brundibár* em Nova York. Atuou como diretora artística na Catedral de São João o Divino e nos Festivais de Cinema Legado de Shoá, em Praga e Nova York. Consultora da Fundação Shelley e Donald Rubin, Stoessinger tem apresentado palestras no mundo todo para a Organização Jovens Presidentes, o Conselho Empresarial Mundial para o Desenvolvimento Sustentável e o Fórum de Diretores Executivos. É diretora artística de música de câmara no Tilles Center, professora e artista-residente no John Jay College, diretora artística do Newberry Chamber Players, na Newberry Opera House, e presidente da Mozart Academy. Mora na cidade de Nova York, onde o prefeito Bloomberg recentemente conferiu-lhe um prêmio American Dreamer.

PRÓXIMOS LANÇAMENTOS

Para receber informações sobre os lançamentos da
Editora Seoman, basta cadastrar-se
no site: www.editoraseoman.com.br

Para enviar seus comentários sobre este livro,
visite o site www.editoraseoman.com.br ou mande
um e-mail para atendimento@editoraseoman.com.br